青年的思想愈被榜样的
力量所激励,就愈会发出强烈的光辉。

主　编：

李建臣：清华大学双学位，武汉大学博士，编审，中国作家协会会员，中国科普作家协会会员，中宣部文化体制改革办公室副主任

副主编：

刘永兵：海军大校，编审，《海军杂志》原主编，海潮出版社原社长

审　定：

葛能全：中国工程院原党组成员、秘书长兼机关党委书记，曾任钱三强院士专职秘书多年

编委会成员：

董山峰：《光明日报》高级记者，《博览群书》杂志社社长，清华大学校外导师

李　颖：教育博士，清华大学社会科学学院副研究员

丁旭东：副教授，艺术学博士后，中国音乐学院中国乐派高精尖创新研究中心特聘研究员，中国人生美育研究会副主任委员，中国文艺评论家协会会员

高　伟：中国文艺评论家协会会员，清华大学博士

刘逸帆：北京师范大学中国社会管理研究院副院长，《社会治理》杂志副社长兼副总编

孙佳山：知名文艺评论家，中国文艺评论家协会会员，中国艺术研究院副研究员

董美鲜：远方出版社文化教育编辑部主任，副编审

刘　瑞：北京市西城区优秀教师，北京市西城区先进教育工作者，海淀外国语实验学校教师数学备课组长

给孩子读的"中国榜样"故事

东方第一几何学家

苏步青

李建臣 主编

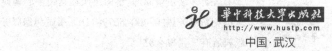

中国·武汉

图书在版编目（CIP）数据

东方第一几何学家——苏步青/李建臣主编. -- 武汉：华中科技大学出版社，2020.10（2022.3重印）

（给孩子读的"中国榜样"故事）

ISBN 978-7-5680-6663-1

Ⅰ.①东… Ⅱ.①李… Ⅲ.①苏步青(1902-2003)-传记-青少年读物 Ⅳ.①K826.11-49

中国版本图书馆CIP数据核字（2020）第184170号

东方第一几何学家——苏步青　　　　　　　　　　　李建臣　主编
Dongfang Diyi Jihexuejia——SuBuqing

策划编辑：	亢博剑
责任编辑：	沈剑锋
封面设计：	胡椒书衣
责任校对：	曾　婷
责任监印：	朱　玢
出版发行：	华中科技大学出版社(中国·武汉)　　电话：(027) 81321913
	武汉市东湖新技术开发区华工科技园　邮编：430223
印　　刷：	天津中印联印务有限公司
开　　本：	880mm×1230mm　1/32
印　　张：	7.75
字　　数：	187千字
版　　次：	2020年10月第1版第1次印刷　2022年3月第1版第3次印刷
定　　价：	35.00元

本书若有印装质量问题，请向出版社营销中心调换
全国免费服务热线：400-6679-118　竭诚为您服务
版权所有　侵权必究

推荐序

对未来的期许,应以榜样作引领

长江后浪推前浪,新时代发展将势不可当的"后浪"——青少年——的教育及其世界观、人生观、价值观培塑推到了社会大众的面前。所有对未来幸福生活的憧憬,都应该以自强不息的奋斗为底色。青少年要从小树立远大理想,培养高尚情操,发展兴趣爱好,学会独立思考,发奋刻苦读书,掌握过硬的本领,从而改变自己的命运,为实现中华民族伟大复兴的中国梦贡献智慧和力量。

习近平总书记指出:"青年的价值取向决定了未来整个社会的价值取向,而青年又处在价值观形成和确立的时期，抓好这一时期的价值观养成十分重要。"① 然而在今天，一些人更看重的是学习成绩、名校、名师、金钱、地位等。古往今来的许多事实告诉我们，一个人的学习成绩再优异、家境再优越，如果三观不正，便有可能误入歧途。一个人的尊荣，不在于他的地位、财富与颜值，而在于他对世界的贡献、对人类的责任以及对社会的担当。所有对未来的期许，都应该以榜样作引领。在榜样力量的引领下，青少年的心智将更加成熟，行为将更加理性，成长的脚步也将更加稳健。

2020年，在新冠肺炎疫情暴发的危难时刻，全国医护和科技人员逆行而上，奔赴一线抗疫。他们舍生忘死地拯救病患，有的科学家不惜冒着生命危险，以身试药，他们用"奉献指数"换回了人民的"安全指数"。这是一场没有硝烟的战役，却是生与死的较量。这是一场没有先例的疫情防控，他们用辛劳与专业换得山河无恙、人民安康。奉献不问西东，担当不负使命，在最紧要的关头，在最危险的地方，榜样的力量更加震撼人心。广大青少年应该从他们身上看到、学到中华民族抗击灾难时不屈不挠、守望相助的精神。

---

① 习近平：青年要自觉践行社会主义核心价值观——在北京大学师生座谈会上的讲话. 新华网. http://www.xinhuanet.com//politics/2014-05/05/c_1110528066_2.htm

祖国是人民最坚实的依靠，英雄是民族最闪亮的记号。这套由多位专家学者编撰的"给孩子读的'中国榜样'故事"丛书，介绍了钱学森、竺可桢、钱伟长、华罗庚、钱三强、苏步青、李四光、童第周、陈景润、邓稼先等科学先驱的事迹。这些科学家学习成绩优异，大多有海外留学经历，其卓越成就获得了国际学术界的广泛认可。以他们当时的实力，足以在国外过上衣食无忧的生活，然而，他们每一个人都深知，科学无国界，科学家有祖国。钱学森说："我的事业在中国，我的成就在中国，我的归宿在中国。"李四光说："我是炎黄子孙，理所当然地要把所学到的知识，全部奉献给我亲爱的祖国。"邓稼先说："假如生命终结后可以再生，那么，我仍选择中国，选择核事业。"他们不惜牺牲个人利益，远跨重洋回到生活与科研均"一穷二白"的祖国，以毕生的热血为建设新中国做出了巨大的贡献。

八十多年前，鲁迅先生在《中国人失掉自信力了吗》一文中发声："我们从古以来，就有埋头苦干的人，有拼命硬干的人，有为民请命的人，有舍身求法的人……"历史的风雨、生活的磨难，阻挡不了这些人前行的脚步。正是这些人扛起了中华民族伟大复兴的重任，他们无愧为"中国的脊梁"。有人不禁要问，今天的青少年长大后，还能不能前仆后继地埋头苦干、拼命硬干、为民请命、舍身求法呢？今天的青少年可能要问，这些科学家这样"自讨苦吃"是为了什么？我想，这个问题用诗人艾青的一句诗来作答最适合不过："为什么我的眼里常含泪水？因为我对这土地爱得深沉……"

要回答今天的青少年还能不能前仆后继的问题，我想起了梁启超先生一百多年前的期许——"少年智则国智，少年强则国强"。毋庸置疑，今天，中国的青少年正在走向中华民族伟大复兴的未来，他们的脊梁是否挺拔，他们的智慧是否卓越，他们的信念是否坚定，都关乎国家、民族的未来。

榜样是一种动力，榜样是一面旗帜，榜样是一座灯塔，可以为当代青少年引领方向，指导他们奋勇前行。这套"给孩子读的'中国榜样'故事"丛书的出版初衷，就是希望青少年以老一辈科学家为榜样，学习他们胸怀祖国、服务人民的爱国精神，勇攀高峰、敢为人先的创新精神，追求真理、严谨治学的求实精神，淡泊名利、潜心研究的奉献精神，集智攻关、团结协作的协同精神，甘为人梯、奖掖后学的育人精神，将这些可贵的品质内化吸收为个人的精神财富与进取动力，做有理想、有本领、有担当的新时代青年。

祝亲爱的青少年读者朋友们皆能志存高远，前途无量，放飞人生梦想。

中国传记文学学会会长　王丽博士

编者序

实干以兴邦，榜样代代传

实干以兴邦，榜样代代传——正是在这种力量的感召下，无数先贤志士前仆后继，"为天地立心，为生民立命，为往圣继绝学，为万世开太平"，以中华之崛起为己任而一往无前，使中国五千年的文明得到延续，中华民族屹立于世界强国之林。习近平总书记曾经指出："一切为中华民族掌握自己命运、开创国家发展新路的人们，都是民族英雄，都是国家荣光。中国人民将永远铭记他们建立的不朽功勋。"这些英雄榜样是中华民族的脊梁，正是他们艰苦卓绝的奋斗，让中华民族从百余年前的羸弱中站了起来。

改革开放40多年来,在各种思想文化相互碰撞和价值取向多元化的情况下,青少年的思想观念、道德标准、价值取向、行为方式等都呈现出新的特点,既有积极的一面,也有消极的一面。对于青少年来说,他们正处于长身体、长知识和世界观形成的重要时期,兴趣广泛、模仿性强、可塑性大,各方面都还不成熟。复杂的社会生活环境中存在着许多不利于他们健康成长的因素,导致他们在思想上产生了种种困惑。如何对他们进行正确的教育引导,成为当今社会普遍关心的一个问题。

党的十八大以来,以习近平同志为核心的党中央高度重视青少年的思想政治教育。习近平总书记在许多场合对加强青少年思想政治教育发表了一系列重要讲话,内容涵盖立德树人、社会主义核心价值观的培育和践行、以文化人、以文育人、教育合力构建、加强党的领导等诸多方面。这些重要论述充分体现了以习近平同志为核心的党中央对青少年成长成才的亲切关怀和殷切期待,立意高远,思想深邃,形成了内涵丰富的思想政治教育理论体系,为提升青少年思想政治教育科学化水平指明了方向,提供了依据。

在对青少年的教育中,榜样的力量是无穷的。榜样是一桅风帆,帮助我们乘风破浪,驶向成功的彼岸;榜样是一盏明灯,驱走我们心中的黑暗,照亮未来之路;榜样是一面镜子,促使我们审视自身的不足,凝聚奋发向上的力量;榜样是一个指南针,引领我们找到正确的方向,从此不再迷茫。"历史烛照时代,榜样传承精神",伟大的时代呼唤伟大的精神,崇高的事业需要榜样的引领。

为了帮助青少年向榜样看齐,向使命聚焦,汲取榜样"内在的力量",感受其家国情怀以及进取奉献的优秀品质和崇高精神,我们编写了"给孩子读的'中国榜样'故事"丛书,选取了10位富有时代特色的榜样人物,他们是:中国航天事业的开创者钱学森、把一生献给了核事业的邓稼先、与原子共传奇的钱三强、中国近代力学的奠基人钱伟长、中国地质力学的创始人李四光、中国"问天第一人"竺可桢、为数学而生的大师华罗庚、站在数学之巅的奇人陈景润、中国克隆先驱童第周、东方第一几何学家苏步青。

这些榜样人物为我国的社会主义建设和国防安全,在各自的领域不畏艰难、开拓创新,做出了卓越的贡献,其伟大事迹彪炳人间。他们不忘初心、淡泊名利、甘为人梯、谦逊朴实、不计个人得失的崇高品质,体现了他们对祖国和人民的无限忠诚,以及对理想信念的执着追求,对青少年具有很强的感召力和教育作用。我们相信,本丛书不仅能够成为青少年喜爱的课外读物,也会是学校、家庭和有关部门对青少年进行人生观、价值观和思想品德教育的好帮手。

在编写的过程中,我们采访了10位科学家生前的同事与部分后人，查阅了大量与他们相关的书籍、访谈录、手札和本人的著作等，从中撷取了一些鲜为人知的故事，将一个个平凡而伟大的生活画面，以精彩曲折、质朴平实的文字呈现出来，使他们的高尚品德与人格魅力跃然纸上，让青少年读者产生心灵的震撼，在感同身受中对老一辈科学家可歌可敬、感人肺腑、催人泪下的动人事迹产生深切的敬意。相信他们会乐于以这些伟大的科学家为榜样，努力学习，刻苦钻研，立志掌握更多的科学文化知识，为国家的强盛、人民的幸福奉献自己的青春和热血。

目录

Contents

第一章　贫苦求学路　　　　　　　　　　1

  1. 牛背上的读书郎　　　　　　　　2

  2. 恩师引路　　　　　　　　　　　6

  3. 文史治学的梦想　　　　　　　　14

  4. 与数学的不解之缘　　　　　　　18

第二章　赴日深造　　　　　　　　　　　27

  1. 坎坷东京留学路　　　　　　　　28

  2. 东方国度的数学新星　　　　　　35

  3. 学成不忘报国　　　　　　　　　40

第三章　与浙大共进退　　47

1. 践约赴浙大　　48
2. 攻艰克难育英才　　51
3. 八年离乱中的坚守　　55
4. 台北情意　　61
5. 不惧白色恐怖　　64

第四章　桃李满天下　　73

1. 东方第一几何学家　　74
2. 开创中国计算几何学　　81
3. 严师出高徒　　87
4. 腾蛟再飞凤　　92
5. 拓扑数学开辟者　　100
6. 青出于蓝胜于蓝　　104

第五章　数学王国的诗人　115

1. 文理并进的数学家　116
2. 家国眷恋赋诗篇　126
3. 忧山河，赤子情　134
4. 念亲人，寄友人　139
5. 抒豪情，咏壮志　155

第六章　投身科教事业　163

1. 总结高等教育实践经验　164
2. 辛勤耕耘的园丁　178
3. 呵护幼苗成长　183
4. 为科教事业献计献策　196

第七章　知识分子的楷模　　　　　　　203

　　1. 党员典范　　　　　　　　　　　204
　　2. 杰出的民盟领导人　　　　　　　208
　　3. 严谨较真的惜时老人　　　　　　211
　　4. 胸怀博大的宗师　　　　　　　　216
　　5. 勤俭朴素的作风　　　　　　　　221
　　6. 名垂青史，百岁全归　　　　　　223

附录　苏步青大事年表　　　　　　　　227
后记　　　　　　　　　　　　　　　　230

第一章　贫苦求学路

苏步青出身贫寒，但他从小就非常好学，通过锲而不舍的努力，从一个在牛背上读《三国演义》的放牛娃一步步走入私塾、小学、中学的课堂。在经历了混沌不学、赌气逃课、同学欺凌等事后，他遇到数位恩师，并蒙其点拨教引，逐渐生发出对文学、历史、数学的热爱。

1. 牛背上的读书郎

在浙江省平阳县腾蛟镇带溪村后面有一座山，远远看去就像一头卧着的大水牛，所以这里的人们都叫它"卧牛山"。山上树木繁茂，秋风一起，漫山红叶，景色迷人。山下的带溪如一条白练，从西北向东南流淌不息。带溪村就在带溪的环抱之中。这个村子的人都讲闽南话，因为他们的祖先几百年前是从福建同安逃荒到这里的。

村子里有一户人家，住着三间木质结构的古老平屋，周围有一圈矮矮的围墙。院子里有一棵高大的枇杷树，像一把撑开的巨伞，为这个山村农家庭院投下一片绿荫。

1902年9月23日，苏步青在这个农家降生了。苏步青的父亲叫苏宗善，以务农为生，如今家中添了一个男丁，意味着苏家后继有人了。

苏宗善夫妇饱尝没有知识的苦，一心希望儿子将来上学读书,成为有文化的人,有一个光明的前途,于是给儿子取名"步青",即"平步青云"之寓意。

俗话说,穷人的孩子早当家。苏步青从小就是父亲的好帮手,割草、喂猪、放牛,样样都会。他常常学着父亲的样子,头戴一顶大竹笠,在卧牛山下放牛。家里养的是水牛,个头大,又矮又小的苏步青没少受大水牛的"欺负"。有一次,水牛脾气上来了开始狂奔,把苏步青重重地摔到水沟里。所幸他是跌进泥水里,没有大碍。

江南的农村河流纵横,和其他孩子一样,苏步青也特别喜欢捉鱼、捞虾、摸螃蟹,还经常与小伙伴一起去捕鸟、捉蝴蝶。生活虽然贫苦,但也有许多快乐。苏步青最喜欢听大人们讲故事,不管是牛郎织女的民间传说,还是《三国演义》《水浒传》《西游记》里的,他都百听不厌,甚至能够背下来,再绘声绘色地讲给小伙伴们听。

每次放牛回家经过村里的一家私塾,苏步青都会被里面的朗朗读书声吸引,不由得止住脚步、拉着牛站在外面听一会儿。有一次,先生在课堂上教学生念《三字经》中的"苏老泉,二十七,始发愤,读书籍"几句,他跟着念了几遍就记住了,后来跟小伙伴玩的时候还念给他们听。

苏步青的父亲苏宗善没有上过学,但小时候偷听过私塾先生讲课,认识了几个字,还会写毛笔字。他有一本风水书,闲下来时常常一边看一边念念有词,引得小苏步青看得入了迷。父亲见儿子那么想读书认字,就用手指蘸着水在桌子上教他写字。

苏步青7岁时，苏宗善意识到自己认识的字太少，水平有限，教不出什么名堂，跟苏步青的母亲商量后决定送他去上学。恰好苏步青的伯父开了一家私塾，于是他便被送到伯父那里读书。

苏宗善虽然一生务农，但他知道，掌握足够的知识才能更有出息，因此不管家境多么困难，他都坚持让苏步青上学。苏步青的母亲也一样，在苏步青求学期间，她从来不抱怨儿子晚上读书写字费灯油或者不分担家中农活等。他们夫妇一共生了13个孩子，但不幸夭折9个，所以他们对幸存下来的孩子无比疼爱。有时苏步青看见有钱人家的孩子吃零食，也向母亲要，母亲便想了个办法，在米饭里放点盐和猪油，捏成饭团给他解馋。虽然日子过得很清贫，只有粗茶淡饭，但母亲独特的味道却让苏步青终生难忘！

在私塾里，苏步青学会了《千家诗》《三字经》《幼学琼林》。他知道上学的机会来之不易，因此学习十分认真努力，加上天资聪颖，一些古文他很快就能倒背如流。认识了不少字后，他开始读《聊斋志异》《西游记》《东周列国志》。遇到书中有很多字不认识，他就步行10多里路，向人借《康熙字典》。

有一天，父亲对苏步青说："你没法去上学了，先生走了。"

苏步青问道："父亲，先生为什么走？"

第一章 贫苦求学路

父亲说:"他靠教书不能养家糊口,只能另寻出路。"

"那我怎么办呀?"苏步青很着急。

父亲叹了一口气:"那有啥办法,还是放牛吧!"

虽然不能继续上学了,但苏步青并没有放弃读书,靠他在私塾里学到的字词,他每天放牛的时候还不忘看书。他有一本从老叔公那里借来的残缺不全的《三国演义》,把牛赶到草地上后,他就躺在山坡上津津有味地看起来。有时因为担心光顾看书丢了牛,他索性骑在牛背上看,这样就不用老是抬头看牛了。这本《三国演义》,他不知读了多少遍,有的章节都能倒背如流了。他最喜欢看两军对阵的情节,尤其喜欢张飞,他模仿书中情节,自己找了根木棍当丈八蛇矛,边挥舞边大声喊道:"燕人张翼德来也!"

有一次回家,他像往常一样骑在牛背上看《三国演义》,因为看得太入迷,一不留神从牛背上掉了下来,摔在一片刚砍过的竹林里,险些被扎伤。到家后,母亲看到他身上有擦破的地方,赶忙向他了解实情。因为非常担心他出事,他母亲便跟丈夫商量:"步青这孩子那么喜欢读书,还是送他出去上学吧!"不久,父母把苏步青送到水头镇闹村的一所小学读书,后来听说南雁荡山的会文书院也办了学校,又把他送到那里。1911年,苏步青9岁,父母又把他送到平阳县城第一高等小学读书。

带溪村离平阳县城有100多里路,交通极不方便,途中还要爬山。离家那天,母亲放心不下,一再嘱咐苏步青:"到县城读书不比在家里,别饿着……"说着说着就抱着他哭了起来。

在依依不舍中,苏步青出发了,父亲肩挑行李和大米在前头走,他背着书包跟在后面。爬过一座山后,父亲累得气喘吁吁,苏步青的脚底也磨起了水泡。父亲说:"歇歇吧!你也饿了吧?"说着从担子里拿出两个煮鸡蛋递给苏步青。这是他母亲事先准备的。苏步青肚子饿得咕咕直叫,接过鸡蛋剥开皮就狼吞虎咽地吃起来。吃完后他转头一看,父亲正在嚼野菜团子,那一刻他心里很不是滋味,一下子明白了许多事。多年以后回忆起这段过往,苏步青仍然抑制不住自己的激动,动情地说:"真是父爱如山、母爱如水啊!"

2. 恩师引路

苏步青小小年纪,第一次离开父母到离家100多里的县城读书,这使他感到无助与孤独。

平阳县没有中学,第一高等小学就是当时平阳县的"最高学府"。学校里除了少数像苏步青这样的寒门子弟外,多数是当地的富家子弟,他们吃穿不愁,神气十足。家境贫苦的苏步青从小营养不良,个子矮小,又黑又瘦,穿的是打补丁的衣服，头发长了也没钱理，时常遭到他们的奚落和侮辱。

第一天上学，苏步青既紧张又兴奋。下课后，他在走廊里站着，一个同学走过来嬉皮笑脸地问他叫什么名字，苏步青腼腆地说："我叫苏步青，草字头苏，一步两步的步，青天的青。"旁边一个同学听到了，斜眼奚落道："就你那穷光蛋样，还想上青天！"当初父亲为苏步青起名，确实是希望他将来能平步青云、光宗耀祖，成为一个不平凡的人。但被同学如此嘲讽，苏步青十分气愤，真想揍对方一顿，可是想起母亲的叮嘱，无论遇到什么事都要忍一忍，别跟同学打架，于是他强压下心头的怒火。

到了晚上，同宿舍的那些同学又嘲笑苏步青的蚊帐难看，因为他们用的都是新蚊帐，只有苏步青的蚊帐很旧，上面还打了很多补丁。他们起哄说苏步青不配跟他们住一起，于是跟管理学生的先生通了气，把苏步青从宿舍赶了出来，让他把床搭在楼梯口。一天睡到半夜，"扑通"一声，苏步青在梦里觉得自己好像从山坡上滚了下来，浑身摔得生疼，他一下子惊醒了，发现原来自己睡觉不老实，从床上滚到了楼梯下，种种委屈涌上心头，他坐在台阶上不禁伤心地哭起来。

在平阳县第一高等小学，苏步青既得不到父母的关心爱护，也没有一起玩耍的小伙伴，还受人欺负，他特别想家，觉得还是放牛好，还是家里的番薯粥好，他有了辍学的念头。最让他苦恼的是学习的课程死板而无趣，远不如《三国演义》《聊斋志异》看着有意思，加上老师说的是温州话，语言不通，好多地方他都听不懂。

因为在学校没有小伙伴可以玩耍聊天，苏步青总是形单影只的一个人，他心里总是阴沉抑郁的，星期天只能独自上街溜达，打发时间。

平阳县城比腾蛟镇热闹多了，遇上赶集，街上南来北往的人络绎不绝，到处摆满货摊，叫卖声、吆喝声嚷成一片；耍猴变脸的、捏面人的、表演杂技的，干什么的都有，人群围得水泄不通……县城的繁华景象深深地吸引了苏步青这个来自小山村的农家孩子，对他来说，县城的一切都那么新奇。

苏步青在人群里钻来钻去，他看不够，听不厌，直到肚子饿得咕咕叫了，才想起自己还没吃中午饭。他在一个摊上看到有人吃包着肉馅的馒头，闻起来很香，才第一次知道这种食物叫"包子"。他想买来尝个鲜可是钱不够，只好饿着肚子回学校。后来，他在学校将饭票换成钱，等星期天上街的时候买包子吃。但这样做了之后，他一个月的饭票不到月底就所剩无几，剩下那几天他只好一天只吃一顿饭，或者干脆饿肚子。

因为心里老惦记着赶集看热闹，他在课堂上总走神，脑子里不停地琢磨猴子为什么能听主人的话，让它敬礼它就敬礼？江湖郎中卖的狗皮膏药是什么做的，为什么能包治百病？大力士的肚子上放了大石板用铁锤砸，怎么一点也不痛？面团放到油锅里，为什么会一下子变得那么大？……就这样，老师讲的课他听不进去，布置的作业也完不成，有时还迟到、旷课，他经常受到老师的批评和责罚。

三个学期很快就过去了，苏步青因为整天"不务正业"，学习成绩自然好不了。每次期末考试，他都是"背榜"，即最后一名，同学们都喊他"笨蛋"，老师也认为这个学生愚顽不化、不可救药，还把他的父亲叫到学校，说："你儿子读不好书，还是领回去跟你种田吧，一年能省两石米。"

可是，苏宗善不相信儿子是"笨蛋"，虽然儿子学不好这些课程，但他对儿子仍然抱着极大的期望。次年，离带溪村15里的水头镇新办了一所小学——平阳县立第三高等小学，老师讲闽南话，父亲便把苏步青转到这所小学上学。

刚到这所小学时，苏步青仍然不爱学习，贪玩，成绩也不好，不讨老师、同学的喜欢。不过，有一次考试他的诗歌写得不错，得到老师的夸奖，当然这跟他以前偷听私塾先生讲课和看《三国演义》不无关系。但他平日总是不专心读书，作业也不按时完成，因此教国文的谢老师渐起疑心：这样的好文采，一个背榜生怎么能写得出，大概是抄来的。

谢老师把苏步青找来，用半信半疑的口气问道："这首诗是你写的？"

苏步青一听，马上明白老师怀疑诗歌是他抄来的，但他还是很有礼貌地回答："谢老师，这首诗是我自己写的。"

"那你是怎么写的？"谢老师强硬地继续追问。

"当然是用笔写，我不都写在上面了吗？"苏步青被谢老师的语气激怒了，倔头倔脑地回答。

这个反应让谢老师大为光火，他大声训斥道："你一个背榜生能写出这样的首诗来？肯定是从哪里抄来的！"说完，他拿起红笔，狠狠地在作文本上批了个"差"字。

苏步青又气又恼，明明是自己写的，凭什么老师一口咬定是抄来的！他恨恨地把书本扯过来，赌气道："我好也是不好，还学个啥劲头！从今天起，国文课不上啦！"说罢，他冲出老师的办公室，委屈的泪水夺眶而出。

尽管后来谢老师查明实情，那首诗确实是苏步青所作，而且谢老师还苦口婆心地劝勉了苏步青，但他心中饱受刺激和委屈，渐渐地不去上国文课了。每逢上国文课，他便一个人找个清静的地方看课外书。一个学期下来，他又得了个"背榜"。

如果苏步青没有遇到陈玉峰老师，也许他的求学生涯将一直混下去，也许腾蛟镇会多一个农家汉，而世界也将错失一位伟大的数学家。

苏步青上五年级第二学期时，学校里来了一位地理老师,他就是令苏步青"脱胎换骨"的陈玉峰。

陈玉峰是平阳南湖人,1877年(光绪三年)出生,24岁参加科举县试,获第二名,为庠生,即秀才。1905年清政府废除科举制度,陈玉峰到杭州学堂求学。毕业后回乡任教达30年之久。陈先生学识渊博,擅长文学和地理,为国家培养了一批人才,除了苏步青,还有南京大学教授林维安、黄昌树,世界著名竹类专家林维治等。

第一堂地理课,陈老师在黑板上挂起一幅世界地图,苏步青非常好奇,下课后,他指着地图问陈老师:"我们带溪村在哪里?"

陈老师笑着说:"带溪村太小了,地图上找不到。"

"平阳县呢?"

"也太小了。"

"平阳还小?"

"世界很大,等你们长大有机会走出去看看就知道了。"

苏步青心里暗暗对自己说:长大后一定要走出去看看!从此,他迷上了地理课,也特别喜欢陈老师。

和其他老师不同,陈老师除了看到苏步青贪玩、不完成作业外,还发现了他有过人的记忆力与倔强的牛脾气。有一次,陈老师见苏步青没去上国文课,便问他原因,苏步青回答:"谢老师看不起我。"

"看不起你?因为他看不起你,你就不上课、不读书?

这样赌气到什么时候才能被人看得起呢?"

苏步青一五一十地把那次写诗的事情告诉陈老师,还说:"如果老师不相信,我可以把那篇古文背给您听,我的作文就是学习那篇古文的笔法写的。"

"我相信你的作文不是抄的。"陈老师看着苏步青,心中暗想,这个孩子只要好好引导,将来定有出息。于是引导他说,"你父母送你来学校是为了什么?"

"为了学习知识,长大后做个有出息的人。"

"可是你不上课,怎么学习呢?"陈老师意味深长地说,"你的父母省吃俭用,每个学期挑着大米卖了把你送到学校来念书,你这样年年背榜,对得起他们吗?不认真读书,怎么会有出息?没有出息,不就是辜负了父母这么多年对你的养育和栽培吗?"

陈老师一语点醒梦中人,苏步青鼻子一酸,眼泪扑簌簌地掉了下来。他眼前浮现出种种场景:自己的父母、兄弟姐妹为了送他上学读书,全家人一年到头喝稀粥、吃番薯干;兄弟姐妹们一大早就跟着父亲下地干活,把打下的粮食卖了给他交学费;母亲在昏暗的油灯下,为他一针一线缝补衣服……

这时,陈老师接着说:"别人看不起你是别人的事,但你不能自甘堕落,如果你考了第一,门门优秀,还有谁会看不起你呢?"

苏步青的情绪稳定后,陈老师又给他讲了一个故事:

牛顿小时候也在农村生活,后来转到城里念书,开始时他学习成绩不好,同学们也欺负他,管他叫"乡巴佬"。有一次,一个同学无故打他,踢了他的肚子,他痛得站不起来。这个打人的同学成绩优异,身体健壮,瘦小的牛顿一直都惧怕他。但是这一次,牛顿终于忍不住了,他站起来勇敢地还击,直到把那个同学逼到墙角。那个同学没想到平时逆来顺受的牛顿变得这么勇猛,慌忙认输。这件事使牛顿认识到,要想不被欺负,只有自身强大起来;学习也是如此,只要有恒心,肯下苦功,一定能学有所成。从那以后,牛顿狠下决心,刻苦学习,没过多长时间,他便凭借自身的勤奋和聪明,成绩跃居全班第一,后来成为伟大的科学家。

最后,陈老师鼓励苏步青:"我看你头脑聪明,反应敏捷,能吃苦,要是像牛顿那样奋发图强,一定能变'背榜'为'头榜'。"

陈老师的一番话如醍醐灌顶般深深触动了苏步青幼小的心灵。苏步青想:作文是自己写的,这是不争的事实。老师怎么说是老师的事,自己学习又不是为了迎合老师,为这件事闹别扭影响自己,吃亏的是自己。他回想起往日放纵的所作所为,感到万分愧疚,决心以牛顿为榜样,做个勤奋自强的学生。

这一次他言出必行,说到做到。他像又回到小时候在牛背上看书的状态,迷上了学习。背课文别人背一遍,他就背三遍五遍;做习题别人做十道,他就做二十道;别人只读课本,而他在课外还阅读了《左传》《唐诗三百首》等文学典籍。功夫不负有心人,到了这个学期期末考试,他终于如愿从"背榜"变为"头榜"。

从那以后的 10 多年里,无论小学、中学,还是大学,苏步青的名字总是与"第一名"形影不离。

1931 年,苏步青在日本获得理学博士学位后回乡探亲,特意将陈玉峰请到家里,对他言必称"恩师",且感激万分地说:"没有恩师当年教诲,学生不敢奢望今日。"陈玉峰欣慰地看着成才的学生说:"有你这样出类拔萃的学生,我也不枉度此一生。"最后,苏步青雇了一顶轿子,请陈玉峰上轿,自己跟在后面,步行 30 里路将老师送回家。

3. 文史治学的梦想

1915 年,苏步青从家乡平阳考进温州的浙江省立第十中学(今温州市第一中学)。省立第十中学是一所四年制中学,是浙东南的最高学府,有很高的声誉,从这里毕业的学生不愁找不到工作。当时,省立第十中学为了吸引优秀学生报考,承诺以第一名考进该校的学生,在校四年的学费、杂费、伙食费全免。因此,每次发榜都会引来很多人围观,看看谁家的孩子考了第一。

这天,省立第十中学发榜,门前照例又围满了人。

"哪个中的头榜?前面的念一下子嘛。"站在后面的人问道。

"苏步青!"

"平阳县苏家的那个孩子?"

"是啊!"

苏步青一下子成了小名人,如愿以偿考进了省立第十中学,而且是第一名。苏步青兴奋得不得了,这下不仅可以在这所浙东南"最高学府"学习,还能为家里省一大笔花销。因为家境贫寒,他的姐姐被迫当了别人家的童养媳,他此前读书的学费来之不易,全靠家里人做苦力、干农活,一想到这些苏步青心里就不是滋味,好在虽然不能帮父亲干活,但能为家里减轻些负担,他心里有了些许安慰。

学校舍旁边有个池塘,据说是东晋末期诗人谢灵运"池塘生春草"诗中的那个池塘,池畔有5株杨柳。恰好当时课本中有陶渊明的《五柳先生传》,所以,省立第十中学自然而然地给人一种人杰地灵之感。自古以来,温州出现过许多有名望的大家。苏步青的家乡靠近南雁荡山,那里风景绝佳,有远近闻名的仙姑洞和会文书院。很小的时候,苏步青就常听人说,苦学方知快乐多。稍稍懂事后,他决心为改变家庭的境况而努力学习。

报到那天,13岁的苏步青自己背着行李,没有让父亲送,虽然他依然矮小瘦弱,乡亲送的一件上衣穿在他身上就像长袍,但他已经不再像几年前那样彷徨无措,而是有了目标,他要一步一步地朝着那个方向前进。

开学后的第一堂课是国文课,国文老师是个老秀才,他精神饱满,讲得有板有眼、不紧不慢,学生们听得聚精会神,唯恐漏过老师讲的每一个字。老师慢条斯理地讲道:"同学们,《资治通鉴》是一部编年史,是宋代大学者司马光奉皇帝之命主持编写的。它共有294卷,记载了上起战国、下至五代,长达1300多年的历史。谁要当学者,不可不读《资治通鉴》;谁想博古通今,也不可不读《资治通鉴》。"老师的话激起了同学们极大的学习热情。苏步青坐在教室最前排,迎着老师投来的目光,认真地点了点头。

为了考查学生的国文水平,老师出了一道命题作文《读〈曹刿论战〉》。《左传》是苏步青最爱读的古书,上小学时他就能背诵其中的很多篇章,这个作文题目对他来说并不难。他先凝神静气、打好腹稿,然后埋头写作,一气呵成。

第二天,国文老师把苏步青叫到办公室,先是问他作文是不是他自己写的,这让苏步青有昨日重现之感。他肯定地说文章是他自己做的,而且他还能背出《左传》的篇目内容,国文老师听到这里,连夸他作文写得好,还问他都读过哪些诗文。当苏步青流利背出《左传》上的几篇文章后,他更是高兴地连声夸赞:"好,好,将来当个文学家!"

从在牛背上读《三国演义》开始,苏步青就迷上了古典文学,书里那些精彩的描写让他如醉如痴,就连做梦也全是关云长、张翼德、赵子龙在战场上驰骋作战的英姿,他对罗贯中佩服得五体投地,可是自己是否能当文学家他却从来没有想过。"我也能当文学家?"他问自己,"为什么不能?谁也不是一生下来就是文学家!"他心里一遍遍地否定又肯定。

不过,不管能不能当文学家,多读好书总是没错的,苏步青先后从图书馆借来《史记》《汉书》《资治通鉴》,如饥似渴地从古书中汲取文学与历史的营养,拓展自己的知识面。一年下来,书中那些名篇他已烂熟于心,国文水平飞速提高,作文常常被当作范文贴在墙上,国文老师一提到苏步青就神采奕奕、赞不绝口。

因为大量阅读古书,苏步青的历史课成绩也很好。历史老师原是清朝举人,满腹经纶,讲课常常讲到忘我的地步,一边摇头晃脑,一边念念有词。对于中国历史的熟稔使他讲课收放自如,重要的历史事件倒背如流,古籍中的有关段落运用得宜,讲到精彩处还让学生和他一同读诵。

遇到这样一位好老师,苏步青感到十分幸运,学习历史的热情也更高了,每次上课,他总是目不转睛地盯着老师,思路也紧跟其后。在课堂上,他的问题最多,有时就连这位老先生回答起来也得三思,但历史老师也因此更加喜欢苏步青。长期的积累使苏步青的历史知识比其他同学都丰富，每次考试，对于"战国四公子都有谁""汉武帝时征服匈奴的主要将领是谁""晋国的董狐因何名垂青史"之类的问题，他总是应答如流，让同学们钦佩不已。

历史老师课下也常常对别人提起苏步青，言语间掩饰不住对苏步青的赞赏和喜爱，因此他也甘愿利用业余时间教苏步青更多的历史知识。

受个人兴趣导向与历史老师的影响，苏步青曾有过当历史学家的梦想，当一名老师所说的博古通今的学者，知兴亡、明得失，或教书授徒，或资政佐治，为国出力。

然而，人生充满机遇和变数，不可捉摸，最终苏步青既没有成为文学家，也没有成为历史学家，而是走上了一条与文学和历史毫不搭边的数学之路。这也许是文学界和历史学界的损失，但数学界却实实在在地收获了一位大师。

4. 与数学的不解之缘

起初，苏步青对数学不感兴趣，觉得数学太简单，而且枯燥乏味。但后来的一堂数学课改变了他的想法，促使他做出了影响一生的决定。

苏步青上中学二年级那年，省立第十中学来了一位毕业于日本东京物理学校（今东京理科大学）的数学老师——杨霁朝。

杨老师上第一堂数学课时没有讲数学,而是给同学们讲了一个又一个科学家的故事,讲了近百年来古老帝国的衰落和中华民族的屈辱。他说:"当今世界弱肉强食,世界列强欲壑难填,仗着船坚炮利,企图蚕食瓜分中国。中华民族面临亡国灭种的危险,振兴科学,发展实业,救亡图存,实属当务之急。'天下兴亡,匹夫有责',在座的每一位同学都有救国责任。"接着,他旁征博引,讲述了数学在现代科学技术发展中的巨大作用。最后他说,"为了救亡图存,必须振兴科学。数学是科学的开路先锋,要想发展科学,必须学好数学。"

杨老师慷慨激昂的演讲振聋发聩,这一堂课令苏步青终生难忘。杨老师讲的那些故事不但拓宽了他的眼界,而且激发了他内心萌动的爱国热情,给他的精神世界注入了强大的活力。读书,不仅是为了个人前途和家族荣耀,更是为了拯救中国的劳苦大众。没有国家的繁荣昌盛,哪有个人的安居乐业呢?读书,不仅是为个人找出路,更是为中华民族求新生。

当天晚上,苏步青辗转反侧,彻夜难眠。"数学""救国"这两个滚烫的词一直在他脑海里翻涌,国家的积贫积弱触目惊心,民众的愚昧落后更是一言难尽,虽然沿用两千多年的封建帝制被推翻了,国家实现了共和,但是封建王朝和千百年来形成的封建文化的影响依然强大,束缚着人们的思想,阻碍着民族前进的步伐。科学,唯有科学才能拯救中华民族于水火之中，才能医治千疮百孔的东方古国，使其重获新生。就像那个时代的众多知识青年一样，少年苏步青的心里从此埋下了科学救国的种子。

杨老师上数学课独辟蹊径，他经常带领学生走出课堂，实地测量山高、计算田亩面积、设计房屋，有时还出一些趣味题让学生做。这种灵活多样的教学方式带来很好的教学效果，也扭转了苏步青认为数学枯燥无味的印象，使他渐渐喜欢上了数学。

一天，杨老师把苏步青叫到办公室，对他说："听别的老师反映，你的历史和国文都学得不错，可是我认为你在数学方面更有发展潜力，以后你要多花时间钻研数学，将来用科学报效国家，尽自己的一份力量。"苏步青听了杨老师语重心长的叮嘱后点了点头。

杨老师回国时带回许多数学杂志，这些杂志上有许多有趣的数学题。苏步青经常去杨老师那里翻看杂志，有时还动手解一解那些题。有的题很难，他一时做不出来，就反复琢磨思考，有时教室里就剩下他一个人，但他也顾不得饥肠辘辘，只想利用休息时间解出答案。每次解答出一道难题，他都高兴得像是吃了蜜，心里甜滋滋的。渐渐地，这一道道数学题就像一块块磁石般吸引着他，一步步把他拉进神秘的数学王国，使他沉醉其中不能自拔。

从此，苏步青与数学结下了不解之缘，开始在数学王国中流连徜徉。他积极摸索学习数学的方法，在课堂上全神贯注地听老师讲解，熟记老师的演算方法，积极开动脑筋思考，遇到疑难问题就在课本或笔记本上做好记号，课后再向老师请教。一段时间后，他找到了适合自己的学习方法，对各门功课都能做到当堂理解消化，课后再不断地做习题来巩固自己的知识体系。

他做习题有一个好方法，就是一题多解。有一次，为了证明著名的欧几里得几何的一个定理——"任意三角形的内角之和等于180度"，他出人意料地用了20多种解法，从最简便的到难度最大的，最终牢牢掌握了这一定理。杨霁朝老师得知后还让他据此写了一篇论文，送到浙江省的一个学生作业展览会上展出。

从那时起，苏步青就狠抓自己的数学基础知识和基本技能，不管严冬还是酷暑，他总是在读书、思考、解题、演算，真正做到了"冬练三九，夏练三伏"。现在温州市第一中学还珍藏着苏步青的一本几何练习簿，是用毛笔书写的，非常工整。

在校期间，苏步青除了努力学好学校开设的各门功课外，还十分注重课外知识的学习。从寝室到教室，从教室到图书馆，他将自己沉浸在知识的海洋里，不知疲倦。多年以后，他意味深长地对学生说："学习是艰苦的，但我们一旦找到方法，就会其乐无穷。"

苏步青中学毕业前，从美国留学回来的数学"洋状元"姜立夫先生来到了浙江省立第十中学。这件事在当地引起轰动，人们都想目睹留洋归国的"洋状元"的风采。姜先生虽然在美国哈佛大学攻读数学并取得学位，但他回到家乡平阳时依旧谦逊自持，不坐轿子，自己拿行李。有人恭维他学识渊博，他却自谦道："数学这门学问好比一棵树，我只学到了一片叶子。"姜先生的谦逊作风给了苏步青深刻的启迪，使他认识到，要想学到知识，必须虚怀若谷，千万不能骄矜自傲，最终变成"一瓶子不满，半瓶子晃荡"的那种人。

后来，苏步青到日本留学，学的也是数学，他用洋文发表的几篇论文在学术界引起了不小的轰动。时任南开大学教授的姜立夫知道这件事后，非常高兴。1928年至1931年，苏步青在日本东北帝国大学当研究生时，接连收到北京大学、清华大学、厦门大学、燕京大学聘他为教授的电报，但因为研究工作尚未结束，他全部婉言推辞。1931年，苏步青也读取"洋状元"回国了。这时姜立夫才获知他们是同行加同乡，苏步青也才知悉当年推荐自己当教授的正是姜立夫。姜立夫的做法使他又受到一次深刻的教育：提拔后辈，必须大公无私。当时中国教育界的"门户之见"十分盛行，留学生大抵分为两派，留学欧美的学生被视为娇贵的"金娃娃"，留学日本的学生被看作不值钱的"东洋货"。姜立夫出于公心，为了发展教育事业，千方百计地聘请苏步青回国当教授，正是姜立夫爱才惜才、大公无私的表现。

在姜立夫的影响下,浙江省立第十中学的学生中后来专攻数学的人很多,其中不少还成了科学家、教育家,如李锐夫、谷超豪、方德植、徐桂芳、白正国、杨忠道等。

苏步青在浙江省立第十中学读三年级时,学校来了一位新校长,40多岁,叫洪彦远(字岷初)。他毕业于日本高等师范学校数学系,也是一位积极宣扬科学救国的先行者。他到任以后,听到不少老师夸奖苏步青,包括体育老师都说"别看他个子小,反应很机敏,还是足球队的门将"。洪校长在日本接受过先进的现代教育思想的熏陶,很爱惜人才,并独具慧眼,他专门调看了苏步青的各门作业,为学校培养出这样一个品学兼优的学生感到自豪,他认为苏步青潜力很大,前程不可限量。后来,杨霁朝改教物理,洪校长则亲自给苏步青所在班级上几何课。洪校长讲课深入浅出,妙趣横生,一个抽象的问题经他一讲,就变成生活中常见的问题,因而大受学生欢迎。苏步青从未想过数学竟然跟生活联系得如此紧密,他像着了魔一样在奇妙的几何空间里徜徉。

洪校长不仅用丰富的知识和教育智慧引领省立第十中学的学生步入数学王国,还很关心他们的生活和思想,尤其对苏步青十分关注。

一个寒冷的冬日,教室外的梧桐树在寒风中挺立着,一阵阵冷气钻进教室。衣着单薄的苏步青正在阴冷的教室里全神贯注地做几何习题。洪校长不知道什么时候进来了,他穿着长衫,站在苏步青身后,静静地看着他做题。苏步青做完一道题,抬起头来,发现洪校长站在旁边,不禁大吃一惊,慌忙站起身来。洪校长拿起他的作业本仔细看着,露出满意的笑容,冲他频频点头,并轻声吩咐他做完题到校长办公室来一趟。

苏步青做完题后惴惴不安地来到校长办公室。洪校长仔细打量着这个农家孩子,亲切而又语重心长地对他说:"看得出你是一个有远大志向的孩子,人很聪明,特别在数学上很有前途。我们贫弱堪怜的国家眼下特别需要发展科学技术,你要记住科学救国的道理,不要辜负父母和老师的期望。天下兴亡,匹夫有责,你要向前辈看齐,为国家昌盛、民族振兴发奋读书。"

洪校长最后告诉他,自己将离开学校,去教育部工作,并鼓励他毕业后争取去日本留学,多学一些先进的科学知识,回来报效国家。洪校长的一席话让苏步青更加明白了读书的意义和目的,他暗暗立下志向,一定要成为对国家、对民族有用的人。此后,每当他感到倦怠的时候,就会不由自主地想起洪校长的教诲,激励自己不断前进。

1918 年,苏步青从中学毕业了。在毕业典礼上,他被授予"首席毕业"大红证书,这让他非常自豪,但对下一步该怎么走,他却有些迷茫。这时,他想起了洪校长,于是提笔给洪校长写了封信。

出乎意料的是，苏步青很快就收到回信，而且洪校长还给他汇来 200 块银圆，资助他去日本留学。苏步青捧着白花花的银圆，感激地流下了热泪。后来，每当谈起这件事，他都流露出对洪校长的无限尊敬之情。

1984 年冬，苏步青以学生的名义，给平阳县中心小学书写了《卧牛山谣》。他在引言中写道："余故家在卧牛山下，山高不过百余公尺，以状名牛首枕带溪后腿，东向有南宋爱国诗人林霁山之墓，庵早废，俗仍称墓庵山。余离家时年仅十七，今八十有二矣，感而赋此《卧牛山谣》，书为平阳县中心小学补壁。"诗中特别提到"巧逢伯乐洪岷初，助渡东瀛去读书"，苏步青再次表达自己对洪校长助学之恩终生难忘。

卧牛山谣

卧牛山下农家子，牛背讴歌带溪水，欲砍青阶竹作鞭，牵牛去耕天下田。鹿城负笈遭人咄，不料鸡群能立鹤，巧逢伯乐洪岷初，助渡东瀛去读书。东京地震连天火，从此弃功去学数，论文写就一篇篇，博士有名无有钱。衰鬓布衣归祖国，同甘共苦为民仆，寇房无端兴鼓鼙，困穷八载甘如荠。重返武林操旧业，留恋大陆不忍别，雄鸡一唱天下明，年方半百见河清。西越昆仑探欧国，东横沧海观日出，巴黎铁塔印心房，三岛樱花映眼光。八二年华当二八，

东方第一几何学家——苏步青

随君战场去厮杀,漫夸步履健如飞,牛棚长负十年悲。老来尝尽风霜味,马枥空怀千里志,梦里家山几十春,清风两袖无纤尘。卧牛山畔年年月,似望游人圆复缺,待得神州四化时,重上卧牛寿一卮。

第二章　赴日深造

在洪校长的资助下，苏步青东渡日本求学深造。在日本学习期间，他勤奋刻苦，克服语言困难，经历了关东大地震而转入东北帝国大学就读。在新的学习环境里，他重新认识数学，并发表数十篇专业论文，被誉为"东方国度上升起的灿烂的数学明星"。1931年，他取得了日本东北帝国大学理学博士学位。之后，他谢绝日本著名大学的任教邀请，决定带妻子一起返回中国。

1. 坎坷东京留学路

1919年秋,17岁的苏步青在上海登上日本轮船,前往日本留学。他看见黄浦江上停泊着许多外国轮船,心里不禁闪现洪校长临别时的警言,老校长的谆谆教诲和着轮船的汽笛声,一直回响在他的脑海中。他暗自下定决心,在日本一定要学有所成,不辜负父母师长的殷切期盼,回来为祖国贡献力量。

多年以后,苏步青回忆往事,写下《外滩夜归》一诗,表达当年东渡求学的抱负。

渡头轻雨洒平沙,十里梧桐绿万家。
犹记当时停泊处,少年负笈梦荣华。

苏步青到达东京时,正值寒冷的深秋。清晨,刺骨的

第二章 赴日深造

寒风挟着潮湿的雾气袭来，像一根根冰锥扎着人的皮肉，令人瑟瑟发抖。起早忙碌的人们来往匆匆，木屐踏在石板路上发出"哒哒"的响声。人们客气地彼此寒暄，说话声和木屐声混在一起，让生活在异乡的人生出一种茫然失落的感觉。

苏步青刚到日本时，日语是他的短板，所以没法报考日本的大学。幸好他的哥哥苏步皋两年前就来到日本留学，考进了东京高等工业学校，为他事先找了一所日语补习学校——东亚日语预备学校。

当时中国政府规定，留日学生必须考取指定的几所学校才能得到公费资助，其余一切进修均需自费。在日语补习学校学习一个月后，苏步青开始犯愁了，在日本每个月的生活费至少要 30 块大洋，他带来的 200 块大洋，除去船票 30 块大洋等费用，仅够维持五个月，这还不算补习学校的学费。恰在这时，他的哥哥带来一个消息：还有三个月，东京高等工业学校就要招生了。这使苏步青感受到非常大的压力，因为补习学校教学进度很慢，收效甚微，三个月很难达到入学标准，而他的经济状况又不允许他推迟到下一年再报考大学。怎么办？他思前想后、反复权衡，最后决定离开补习学校，到社会这所学校去学习日语。

经过打听，他得知有一位日本老妪廉价招收房客，于是就搬进了老妪出租的房子。每天苏步青早早起床，跟着房东去市场买菜。他跟在房东后面，留心听她如何跟菜贩打招呼、如何讨价还价，还注意听周围的人交谈，听他们议论社会上发生的各种新鲜事。平时只要看房东没事，他就主动跟她聊天，房东则给他讲日本故事、民间传说、风俗习惯；遇到房东不在家时，他就自己看书学习，复习各门功课。三个月后，他不仅日语水平突飞猛进，对各门功课也做了全面的复习。

第二年春天，东京的学校陆续开始招生。苏步青报考了著名的东京高等工业学校。他之所以选择这所学校，有两个原因：一是这所学校在当时乃至今天都是全世界赫赫有名的高校；二是这所学校的留学生有中国政府的统一拨款，中国学生可以享受公费留学待遇。当然，这两点也使报考这所学校的人很多，竞争异常激烈。

考试一共要考6科，包括数学、物理、化学、英语、日语作文和日语口试。苏步青对前五科胸有成竹，稳操胜券。考试开始了，考场十分安静，只听得见笔在纸上写字的沙沙声。苏步青冷静地审完题，然后专心致志地进行解答。等他写完最后一个字，抬起头来一看墙上的时钟，他才发现仅用了一个多小时就把需要三个小时做完的考题答完了。当他走上前去交卷的时候，监考老师看了他的答卷惊得目瞪口呆：这是一个中学刚毕业的中国学生呀，中国怎么会有这么聪明的学生？

随后的几门考试，苏步青都应答自如，不过对于第六科日语口试，苏步青却有几分恐惧。学生中早就传说主考官高桥副教授对考生特别苛刻严厉。高桥长得清癯精干，留着仁丹胡，一张毫无表情的脸总是冷冰冰的，他动不动就对考生说："你要是不行，就给我出去，回家种田去吧！"高桥说话也极有特点，语速很快，态度生硬，提问步步紧逼，不容对方思考，令人喘不过气来。

焦灼的等待之后，终于轮到苏步青了，高桥连珠炮似的问了一些个人履历和家庭方面的问题，那架势好像不把面前这个瘦小的中国学生问倒誓不罢休。苏步青想："这样下去可不行，一直被高桥老师逼问，总有被他问倒的时候。我为什么不能变被动为主动呢？"正在这时，高桥先生又问他住在东京哪里，苏步青答道："住在一位老妈妈家里，她家在九段阪附近。她待我好极了，像对待自己的儿子一样。每天晚饭后她都给我讲故事。有一个故事说，从前在一个很远很远的地方，有一个贫苦的农夫……"

苏步青模仿房东老太太的语气神态绘声绘色地讲完这个故事，还没来得及喘一口气，马上又讲下一个："还有一个故事，说的是在北海道，有一位老猎人……""老妈妈还给我讲了一个神话，美极了，那是关于富士山仙子的传说……""她还给我讲过樱花姑娘的故事……很多很多年以前……"

苏步青一个接一个故事，不停地讲下去。他讲得流畅自然，娓娓动听，仿佛要一口气讲完成千上万个故事似的。

高桥听得很投入，几乎没有插嘴的机会，好一会儿才从那些优美的神话故事中回过神来，忙摆摆手止住了苏步青。

"来此地多久了？"高桥依然毫无表情地发问，口气冷若冰霜。

"不到半年。"

"哎呀！"高桥先生闻言一反常态，大为惊讶，他走过来拍了拍苏步青的肩膀说，"很好，你通过了！"

当时在日本留学的中国学生通常要花一年半到两年时间去学日文，有时还需补习一些入学考试的科目。而苏步青在三个多月的时间里不仅熟练掌握了日语，还顺利通过考试，以第一名的成绩考取东京高等工业学校，就读于电机系。苏步青的事迹不胫而走，很快在东京高等工业学校传为美谈。那一年，考取该校的中国留学生只有4名。

入学后，当苏步青漫步在校园里，或坐在绚烂的樱花树下时，总会情不自禁地想起万里之遥的故乡和父母，想起亲切的母校和师长，他默默地在心里为他们送上祝福，祝愿他们一切安好。

东京高等工业学校是一所四年制的大学，前三年主要学习基础课程，苏步青仍然像中学时那样勤奋学习，每个学期都稳拿第一名。有一门"交流课"，他还得过特别奖，奖品是计算尺和几本参考书。作为尖子生，苏步青很快得到日本老师和同学的认可，有的日本同学习题不会做就来问他，全然收起对中国学生的傲慢和鄙视。

大学的生活让苏步青更加确信他的理想不是当机电工程师，他仍恪守对中学老师的承诺，要当一个数学家。一有时间，他就钻研数学，当他埋头演算数学公式时，一股来势汹涌的幸福和舒畅感油然而生。

大学丰富多彩的生活给苏步青打开了增长见闻的门窗，他并不是那种书呆子式的死读书，他对体育很感兴趣。在与其他班、其他系的足球比赛中，他负责当守门员，就像在中学时那样。他还组织中国留学生和日本同学一起到东京附近一条名叫隅田川的河里进行划船比赛。后来他还参加自行车越野赛，这是一项危险的活动，但可以锻炼一个人的意志和毅力。他还打网球、登山，只要是能够强身健体、锻炼意志的活动，他都积极参加。

正当苏步青沉浸在美好的大学生活中时，1923年9月1日，日本关东地区发生了8.1级大地震。地震灾区包括东京、神奈川、千叶、静冈、山梨等地，造成约15万人丧生，200多万人无家可归。地震还导致霍乱流行，东京都政府为此下令戒严，禁止人们进入这座城市，防止瘟疫流行。

地震发生那天，苏步青正在宿舍里研读一本世界著名的解析几何著作，因为看得入了迷，都忘了吃饭时间。有个同学吃完饭回来看见苏步青还在看他，就催他赶紧去吃饭，否则食堂要关门了。苏步青这才把书一推，匆匆拿起饭盒赶往食堂。他一心想着书中的内容，三口两口吃完饭，就要回宿舍接着看书。谁知,刚从食堂出来,突然有一股强烈的气浪把他冲倒在地,同时听到有人高喊:"地震了!"顿时地动山摇,不一会儿,学校的建筑全部倒塌,大火冲天,烈焰升腾。

学校的一切全毁了,几百名学生在地震中罹难,包括提醒他去吃饭的同学。苏步青万分感激那个同学,是他的一句话把苏步青从死神手里拽了出来。苏步青缓过神后,和一些幸存者跑到附近一个公园避难,但是他的全部家当都已化为灰烬,连一本笔记本、参考书也没有留下。

苏步青从来没有遇到过这样巨大的灾难,面对变成一片瓦砾废墟的学校,他想到地震中遇难的同学及自己今后去处无着,不由得精神恍惚、不知所措,之后还大病了一场。

没有了校舍,东京高等工业学校幸存的学生不得不临时到仙台的东北帝国大学寄读。几个月后,学校举行毕业考试,由于没有任何复习参考资料,病又没有痊愈,苏步青只考了个"及格"。他伤心极了,情绪一度降到冰点。校方也注意到苏步青的情况,认为一向成绩优秀的苏步青不只是"及格"水平,校委会专门对他的学习成绩进行审查,最后经全体教授一致表决通过,单独为苏步青颁发了一张特别的手写毕业证书,上面赫然写着:"苏步青,以优等成绩毕业。"

2. 东方国度的数学新星

地震毁了苏步青的所有书籍和笔记本,但是这也成为他留学生涯的一个转折点。

因为沉迷于数学,苏步青想报考一所好大学。当时日本有几所帝国大学,只有位于仙台市的东北帝国大学数学系招收同等学力的学生。东北帝国大学聚集了一批日本数学家,他们不仅在日本是一流的,在国际上也享有很高的声望。但是,实力雄厚的大学入学门槛都很高,以同等学力报考必须通过难度更大的考试,优秀者才能被录取。每年招生时,不仅日本各地的"尖子生"会报考这所大学,还有不少国外的学生报考,入学难度可想而知。

东京高等工业学校有一位老师鼓励苏步青报考东北帝国大学,还写了一封推荐信,信中介绍了他在校的学习成绩以及对数学的热爱,写完后他让苏步青拿着这封信去找东北帝国大学的数学系主任林鹤一先生。苏步青很感念老师的帮助,但他作为中国留学生,不想"走后门",决心凭自己的真才实学考进去,所以他收起那封推荐信,没有去找林鹤一。

参加入学考试的90名考生来自十几个国家,只有苏步青一个中国人。第一场考解析几何,第二场考微积分,考试时间均为 3 个小时，苏步青每次都仅用一个小时就答完试卷。几天后考试结果公布，有 9 人被录取，考分平均在 190 分以上，苏步青以 200 分满分的成绩名列第一。

对苏步青来说，入学考试虽然很顺利，但入学后的学习并不那么容易。有一次，老师让学生用一个下午的时间解题，留完作业老师就走了。苏步青信心满满地坐在第一排，埋头做起来。两个钟头后，老师回来了，首先拿起苏步青的作业本看，一边看，一边摇头说，这是什么东西，根本不是数学。随即老师在讲评中指出学生们在演算中不符合现代数学精神的地方，苏步青恍然大悟，意识到以前在东京高等工业学校学的数学不够严谨。要想学到真本领，还得加深对现代数学的认识，同时改进演算的思路。于是，苏步青经常在课余时间泡图书馆，博览群书，钻研的内容范围远远超出学校规定的专业课程。在他的刻苦勤奋下，专业水平有了大幅提高。

还有一次，他遇到一道以前没有学过的解析几何题，研究半天后还是一头雾水，毫无头绪。他带着疑问去请教洼田忠彦教授，洼田教授没有直接解答他的困惑，只是让他自己到图书馆去查沙尔门·菲德拉的《解析几何》。苏步青看到《解析几何》后大吃一惊，因为这部书一共三册，近 2000 页，而且是用德文写的。苏步青当时只懂日文、法文和英文，对德文一窍不通。为了解决数学疑难，他决定迎难而上，一面抓紧时间学习德文，一面"啃"

《解析几何》,一个学期结束,他终于读完了这部书。这部书不但解决了他的疑难问题,而且使他的解析几何知识系统化。他明白了老师的良苦用心,由衷地感激洼田教授。

这以后,每当在学习上遇到困难,苏步青总是先查参考资料,独立钻研。后来他回国任教后,又把这个方法教给学生,告诉他们在难题面前不能退缩,应首先独立思考、独立研究。有的人问,这个方法也适用于中小学生吗?他说,学习好比是一个孩子在学走路,开始时需要大人在旁边扶着走,随着孩子慢慢长大,总要脱离大人的手,自己试着走,即使会摔跤,也要爬起来自己接着走。"吃一堑,长一智",经过多次尝试,孩子就可以独立行走了。学习也是如此,开始时老师总要扶一把,而后就应该要求学生在遇到困难时自己多动脑筋,多思考,不能总依赖老师。因为只有通过自己的思考,才能使获得的知识更加牢固。所以,如果在学过的知识范围内遇到不懂或难懂的地方,不要急于寻求帮助,首先自己想想看、做做看。只有通过自己的学习钻研,得到的知识才能记忆深刻、融会贯通。实在想不出、做不出的时候,再向老师请教,这样才能逐步提高个人独立思考、独立解疑的能力。

苏步青还指出,学习知识有两种情况:其一,对于前人著述的知识,要多看、多想、多实践,一定能够掌握。虽然个人的理解能力有差别,遇到的困难也有所不同,但归根结底,只要深刻理解了这类知识,通过反复练习,就完全能为我们所掌握和运用。其二，对于还在发展中、尚未成熟确定的知识，除了通过刻苦琢磨进行理解以外，还应该坚持钻研，把已经明确的部分搞清楚，还可以把问题向前推进，这种创造性的工作才是科学研究的重点。

另外，这件事也给了苏步青很大启发，那就是多掌握一门外国语言对学习数学大有裨益。当时意大利的几何学闻名世界，所以他决心掌握意大利语。当时东北帝国大学附近有一个天主教堂，神父是意大利人。经过几次接触，苏步青提出想跟他学习意大利语，神父答应了。于是，苏步青每天晚上都准时去神父那里学习，风雨无阻。3个月后，他已经可以轻松阅读意大利语的论著了。读研期间，苏步青与意大利的几位著名数学大师有过通信，得到他们的指点和帮助。后来，苏步青还用意大利语撰写数学论文，在意大利的权威专业期刊上发表。

到了大学三年级，由于中国国内发生江浙战争，公费中断，苏步青生活无着落，眼看学业难以为继，他不得不到校图书馆兼任管理员，利用业余时间当杂志校对员，假日去当家庭教师、卖报、送牛奶、做打字员，通过各种门路赚取学费。系主任林鹤一先生十分关心苏步青，他得知苏步青经济困难，就每月从自己的薪水中拿出40日元接济苏步青。后来，林鹤一根据苏步青的专业水平，决定聘请他负责代数课的教学工作，这样又给苏步青增加了一份收入，每月65日元，职称为讲师。当时，在东北帝国大学的历史上，还没有一个外国留学生兼任过讲师。这件事发生在一个22岁的中国留学生身上，立马成了日本报纸争相报道的一大新闻。在报批时，教授会首先表示强烈反对，因为自甲午中日战争后，整个日本都很歧视中国人，让一个名不见经传的中国人兼任讲师被认为是荒谬的举动。可是林鹤一先生始终坚持，并以苏步青的各方面表现说服教授会，最终聘请获得通过。日本报纸报道此事，感叹"非帝国臣民，却当了帝国大学讲师"！但是，很快苏步青就用自己的学识扭转了他们的偏见。

苏步青在大学三年级，就写出了自己的第一篇数学论文《关于费开特的一个定理的注记》（又名《一个定理的扩充》）。文中，苏步青用周密的计算和严谨的推理，扩充了匈牙利数学家费开特提出的代数定理，使其具有更丰富的外延。他的导师将这篇论文推荐给《日本学士院纪事》发表。当时还很少有学生的论文发表在学士院报上，况且作者还是一个中国学生，所以轰动了东北帝国大学。之后，苏步青还有多篇论文登载在校刊上，引起校内数学系教授与日本数学界专家的重视。1927年，苏步青从东北帝国大学数学系毕业后，该校教授会一致同意让他免试升入研究院。

1928年年初，苏步青在一般曲面研究中发现了四次（三阶）代数锥面，这是几何中的一项重大突破。学术论文一经发表，便在日本和国际数学界产生热烈反响，有人称这一发现为"苏锥面"。苏步青也因此获得了研究生奖学金，据说在东北帝国大学历史上，这一奖学金从来没有授予过外国留学生。

苏步青的博士研究方向主要集中在仿射微分几何上，他以"仿射空间曲面论"为题，在《日本数学辑报》上连续发表了12篇论文，此外还有多篇论文讨论这一方面的课题。到1931年年初，苏步青已发表41篇仿射微分几何和射影微分几何方面的研究论文，分别刊载在日本、美国、意大利的数学专业刊物上，一些研究成果被国际数学界介绍和引用，并称苏步青为"东方国度上升起的灿烂的数学明星"。

3. 学成不忘报国

1927年，日本政府在《田中奏折》中叫嚣："为了征服中国，必先征服'满蒙'；为了征服世界，必先征服中国。"这一赤裸裸的侵略言论激起了中国人民的极大愤慨，民族危机感让在日本留学的中国学生无法安心地坐在教室里读书。他们走上街头，游行示威，散发传单，抗议日本帝国主义的野蛮行径。苏步青也积极参加了中国留学生的爱国活动，除了游行示威，他还在中国留学生集会上发表演讲，警告日本当局不要无视中国的主权，中国人民绝不当亡国奴,中华民族五千年的历史证明,谁想征服中国,只能自取灭亡。

苏步青的言行引起了日本警察局的注意,他被认定为留学生中的中共地下党员。一天晚上,日本特务来到苏步青的宿舍,不由分说把他抓走关了起来。东北帝国大学的数学系主任林鹤一得知消息后,马上联系几名教授,联名写了一份担保书,担保苏步青不是中共地下党员,只是一名学生,把他保了出来。释放前,警察局的人恶狠狠地警告苏步青:"你再煽动闹事,当心你的脑袋!"苏步青心里很清楚,这不仅仅是吓唬他,当时日本暗杀成风,从事反抗活动随时都有生命危险。

但事关国家存亡,苏步青毫不畏惧,被释不久,就又参加了一个进步读书会。会上,成员们经常讨论救国救民的道路,大家各抒己见,有时竟争论得面红耳赤,谁也说服不了谁。在彷徨和苦闷中,苏步青开始阅读国外社会科学方面的书刊,无意中接触到马列主义,虽然他当时的见识有限,却为他以后认识中国共产党的正确主张打下了基础。

当时中国国内政局动荡,军阀混战,人民生活在水深火热之中,政府根本无暇顾及在外的留学生,留学生的补助费用中断了,苏步青在衣食无着的窘境中四处找兼职赚取学费、生活费。有的同学劝他:"苏兄,何必如此拼命,你成绩那么好,毕业后混碗饭吃就行了。"安逸舒适的生活着实对苏步青有很大的诱惑，他一度想尽快找工作，摆脱穷苦日子，但一想到洪校长"为中华民族争气"的嘱咐，一种不甘平庸的信念又敦促他打消只看眼前的想法，决心在数学领域做出成绩。因此，他对同学说："让我们想想饱受凌辱的祖国，为了民族的振兴，我们没有理由不发愤学习！"

1931年，苏步青以优异的成绩获得东北帝国大学的理学博士学位。随后东北帝国大学发出聘书，请苏步青留校任教，但苏步青谢绝了。他说："我已经在外漂泊了十多年，游子思乡心切，是回家报答故乡、祖国的时候了，我的父母、恩师、朋友着实令我思念。"

苏步青的勤奋、才华给东北帝国大学的师生们留下极深的印象，当老师、同学得知他要回国的消息后，纷纷出面劝阻，请他留在日本，千万不要回国。有人对他说："国内军阀混战，到处是人间离乱、生灵涂炭，哪有科学研究的环境？你若回国，不要说耽误个人的锦绣前程，可能连生活都无法保证。"东北帝国大学也表示为苏步青保留半年职位，如果他回国后遇到困难，欢迎他随时回来续职。

当然，苏步青心里也不是没有顾虑。正如有同学所说，中国国内的混乱局面不要说无法让人安心研究学术，可能连稳定的生活也难以保证。在这种情况下，何谈科学救国？而且苏步青当时还有一个最大的隐忧——他的日本妻子能不能跟他一起回中国？

此时苏步青已经结婚3年，有一个可爱的女儿。他的妻子是东北帝国大学松本教授的女儿松本米子，两人恩爱情深。

他们的相识很"偶然"。那天早晨，苏步青正在宿舍里写一篇关于曲线、曲面的研究论文，忽然窗外传来"呱嗒呱嗒"的木屐声，原来是他的老朋友茅诚司先生陪同两位姑娘来访。他打开门，认出其中一位是茅诚司的未婚妻，另一位则不认识。茅诚司介绍："这位是松本米子小姐，松本教授的千金。"苏步青早有耳闻，松本教授有一个才貌出众的女儿，而且古筝弹得出神入化。寒暄几句后，他们从筝曲谈起，一直谈到日本的书道、茶道、花道，越谈越投机。一旁的茅诚司和未婚妻则饶有兴致地看着他们。松本米子一直仰慕苏步青，他的睿智与赤诚尤其让她感动。这次看似"偶然"的邂逅，实则是有意接近。从那以后，他们便经常花前月下携手同行，对双方的了解也越来越多。

一天，松本米子问苏步青，为什么这么拼命地学数学？学习数学果真有无穷乐趣吗？苏步青回答说，中国的发展需要数学。起初他也觉得学数学没有听歌、跳舞轻松有趣，但当他把数学与祖国的命运联系起来，才发现这是一个多么丰厚而富有宝藏的领域。苏步青这种赤诚的报国热情，深深打动了松本米子，她觉得苏步青是一个重情重义、有担当有抱负的人。

相处了一段时间后,苏步青和松本米子的感情越来越深,眼见苏步青回国的决心不可动摇,而两人又都不愿放弃对方,商量之后他们决定结婚。可是,松本米子的父亲不赞成他们的婚姻,她的母亲则很支持。最后,松本米子的执着以及两人的真情感动了松本教授。在一个樱花盛开的日子,他们幸福地结合在一起。当时中国人在日本备受歧视,为顾全苏步青,松本米子从不对人说自己的丈夫是中国人,直到苏步青获得博士学位,日本报纸报道了他的成就,别人才陆续得知松本米子和这个中国数学家结婚了。

松本米子是非常贤惠的妻子,婚后她放弃了许多社交活动,全心全意当起了家庭主妇。她知道丈夫是个事业心很强的人,在生活上对他照料得无微不至,给予他极大的帮助与鼓舞。为了给丈夫创造一个舒适的工作环境,她渐渐荒废了自己喜欢的古筝、书法等兴趣,只留下茶道和插花。每当苏步青遇到难题,深夜还在演算、研究的时候,她便轻轻为丈夫端来一杯香茶或牛奶。结婚不久,苏步青就在一般曲面研究中发现了四次(三阶)代数锥面。

看到小两口幸福恩爱的生活,松本教授夫妇十分欣慰。毋庸赘言,苏步青的岳父岳母肯定希望他留在日本工作,但苏步青的心属于中国。

众人的劝说、事业和家庭的压力,与苏步青心中另一股力量发生了激烈的冲突。他陷入沉思：自己出国留学的目的是什么，不就是为了学成后报效祖国吗？今天自己已经掌握了知识，有了些本领，难道就凭这些留在异国，对祖国发生的一切袖手旁观吗？不，不行！辛勤的父母、授业的恩师、志同道合的同学朋友，一个个浮现在他的脑海里。该回去了，"既许国，何以许家"，他默默地对自己说，回去，一定要回去！

这天，苏步青忐忑不安地对妻子说出自己的心事，没想到松本米子坚定地说："我听你的！不论你到哪里，我都跟你去！"

他说："我要回国，回到中国去，这是我一直以来的想法。"

"那我也到中国去，你爱中国，我也爱中国。"

"到中国去，我是回家乡，你却要告别亲人，离开家乡……"

"中国是你的家乡，也就是我的家乡……"

"中国的生活很苦……"

"我不怕……"

苏步青再也无话可说，他被妻子的真诚和坚贞感动了。

让苏步青下定决心回国的还有另一个原因，那就是他与学长陈建功的约定。1931年初，早已相熟的陈建功与苏步青二人相互约定：待苏步青学成后一起在浙江大学，花20年时间把浙江大学数学系办成世界第一流水准，为国家培养人才。与陈建功的这个约定让苏步青再次想起洪校长的教诲,这不正是洪校长引导他要走的"科学救国"路吗?所以,即便这条路上荆棘遍生,他也要一往无前地回国去!

第三章 与浙大共进退

回国后,苏步青执教于浙江大学,在艰难困苦中与陈建功共同创立了浙江大学微分几何学派。浙大西迁的数年中,他为国家培养了众多数学人才。在国民党独裁统治的白色恐怖中,他抗议警察、特务的暴行,保护进步学生。新中国成立后,他毅然选择留在大陆,迎接新中国的曙光。

1. 践约赴浙大

听说苏步青要回国，厦门大学、北京大学、燕京大学纷纷发来邀请，许以高薪，请他去任教。如燕京大学的大红聘书上写着：请您担任我校教授，月薪240美元。可是，苏步青全都谢绝了。

原来，苏步青在日本留学期间认识了一个同乡——同在日本留学的陈建功。陈建功早年来到日本留学，在东京高等工业学校和东京物理学校（夜校）同时就读；白天学习化工染色，晚上学习数学、物理，他夜以继日地学习，终于在4年后先后于两所学校毕业。回国后，他任教于浙江某工业学校。一年后，他又考进日本东北帝国大学数学系，三年后毕业，回国任教。1926年冬，陈建功第三次东渡，在东北帝国大学研究生院当研究生，他仅用两年半时间，就写出十几篇关于正交函数论的论文，由于成果卓越，于 1929 年获得了东北帝国大学理学博士学位；他还用日文写了一部专著《三角级数论》，在日本出版。书中不少新译术语是他首创，至今仍被沿用。

苏步青与陈建功相识于 1926 年冬天，此前苏步青只是听说过陈建功的名字。从 1926 年开始，苏步青与陈建功同窗，视陈建功为良师益友。陈建功的耀眼成就，让日本人对被污蔑为"劣等人种"的中国人刮目相看，也使苏步青尊他为学习的榜样。陈建功回国前，与苏步青相约学成后回到家乡，到浙江大学任教，建设一流的数学系，振兴家乡教育。

1931 年 3 月，苏步青一人先行回国做些安排，妻子和孩子则暂住松本教授家中。

在从上海到杭州的火车上，苏步青看到江南草长莺飞、杂花生树，一草一木无比亲切，他情不自禁地填词《忆江南》吐露自己的心声："杭州好，驿路道临平。一塔迎人春有影，四周故道梦无声……"

回国前，苏步青已经做好了充分的思想准备，可是到了浙江大学，那里的情况还是令他大失所望，校舍和设备条件非常差，聘书上写着每月薪俸 300 块大洋，但是学校经费尚无着落，他名为副教授，却连续 4 个月没有拿到一分钱。幸亏苏步青的哥哥已在上海兵工厂做工程师，借给他一些钱，他才不至于典当衣物。当时摆在他面前的已不是能不能搞数学研究的问题，而是如何维持生计的问题。

何况他的妻女还在日本，需要他挣钱养活。怎么办？再回日本吗？

这时，有人将苏步青的困境告诉了邵裴子校长。深夜，焦急的邵校长敲开苏步青的房门，核实听来的消息，当苏步青无可奈何地将自己的情况和盘托出时，邵校长脱口而出："不能回去呀，你是我们的宝贝！……"苏步青顿时感到一股暖流传遍全身："感谢校长如此器重苏某！""步青，你真的不能去日本啊。现在国难当头，教育界不能错失你这匹千里马！""好，那就不走了！"几天后，邵校长亲自送来四个月的欠薪1200块大洋，而苏步青犹疑不决的心也自此安定下来。

这年夏天，苏步青踏上了前往日本的轮船，去接妻子和孩子。当岳父母听他讲完中国国内的情况，都力劝他留在日本。从物质条件来说，日本东北帝国大学显然比浙江大学优越得多，可是一想到自己对陈建功学长和邵校长的承诺，苏步青觉得自己必须信守承诺回国，必须回浙大！

就这样，苏步青带着家人回到了杭州，他的日本妻子从此跟随他在中国生活。

苏步青在87岁高龄时回忆已故的妻子，仍不胜感慨，作《悼亡》诗表达了自己对妻子的一片深情：

老来孤独向谁倾，别后凄凉梦亦惊。
点检遗书三两纸，不堪回首望东瀛。

2. 攻坚克难育英才

在中华大地腥风血雨、民生凋敝、教育事业饱受摧残的大环境中，苏步青的教学科研工作遇到很多困难。

苏步青刚到浙江大学时，先是在数学系担任副教授，当时浙江大学的办学条件十分恶劣，常常欠薪，苏步青一家人的温饱都得不到保证。第二年春节，校长勉强送来20块大洋，全家人凑合着过了年关。尽管生活艰难，但目睹国内人民疾苦、科技落后、遭外国凌辱的状况，苏步青对于与陈建功相约"花上20年时间，把浙大数学系办成世界第一流的数学系"的约定更加坚持了。

当时浙大数学系只有陈建功教授、苏步青副教授及2名助教，学生只有14人，苏步青一人教授四门课——二年级的坐标几何，三年级的综合几何，四年级的微分几何和数学研究甲、乙等课，每星期要上14节课。因为图书馆资料奇缺，他就利用暑假到日本去抄写，一个假期竟抄回20多万字的最新文献资料，在浙大整整用了20年。

1933年，苏步青晋升为教授。这年秋天，陈建功找到校长邵裴子，提出系主任由苏步青担任，邵校长起初不同意，但在陈建功的说明与坚持下，苏步青还是当上了系主任。

陈建功和苏步青一样，不仅是一位优秀的数学家，也是一位了不起的教育家。为了给国家培养人才，他呕心沥血，而且方法独到。他一直认为教学一定要与科研结合，如果只搞科研不搞教学，那就要"绝后"。他也非常重视外文，精通英、法、德、日文。他讲课风格鲜明，深入浅出，不拿讲义，经常一支粉笔讲到底。苏步青由衷地佩服陈建功，曾说："陈教授是一个爱国主义者，他的言行给了我很深的影响。"

锐意进取的苏步青和陈建功竭诚合作，大胆改革，办起了微分几何和函数论两个讨论班，一人主持一个班。参加者要定期报告自己的研究成果及阅读国外最新数学文献的体会，并互相"质询"、答辩。这个做法迅速把高年级学生推到了世界数学发展的前沿。

1934年，浙江大学数学系第一届学生毕业，这是苏步青从教以来的第一届毕业生，所以他心里既欣慰又高兴。特别是他的学生方德植在他的指导下，用英语完成了论文《定挠曲线的一个特征》，论文中对法国著名数学家达尔布的一个公式做了重要改进。论文发表后，国内外许多数学家都把这一成果写进教科书。当时科学界有一种论调特别盛行，扬言不出国，就培养不出优秀的科学人才。苏步青对于自己的学生能取得这样的成绩非常满意，逢人便说："谁说中国培养不出人才，我们现在不是培养出来了吗？"可以说，参加讨论班是方德植脱颖而出的重要原因。他通过讨论班的学习，阅读了大量数学著作，和教授互相提问，开阔了视野，拓展了思路。之后，方德植又在日本《东北数学杂志》、意大利《数学年刊》和中国数学学会主编的外文数学刊物上发表了不少论文。他的有关平面曲线和空间曲线的射影微分几何的一些研究成果，在当时已走到世界数学界的前沿。

方德植牢记老师苏步青的鼓励："只要自己肯努力，不一定非要出国。"所以，他三次放弃了公派出国留学的机会，从浙大毕业后留校当了苏步青的助教，并且借住在苏步青家里，两人从师生变为同事，关系更加亲密。他们经常一起讨论问题，互相启发，他的很多论文就是在那个时期写出来的。1952年，方德植到厦门大学担任数学系主任。他以深厚的学识和丰富的经验，为厦门大学数学系制定了先进的教学计划，用苏步青传授的方法教育学生，也在厦门大学组织起讨论班。后来，厦门大学数学系取得了举世瞩目的教学成就，卓越的数学家陈景润就是方德植的第一届学生。

在培养学生成才进程中，苏步青和陈建功除了紧抓系里的数学教学，还非常注重培养学生良好的学风和生活作风，他们以身作则，严于律己。当时有一个从上海来的女学生，不习惯紧张的学习生活，开学几天后就跑回上海，之后在父母的催促下才回校上课。苏步青知道后对她进行了严肃批评，并且进行"惩罚"：让她在黑板上演算习题，做不出来不准下去,把她"挂"在黑板上一个多小时。从那以后,这个女学生渐渐收起任性,养成了严谨治学的良好学风,将全部心思都用在学习上,后来成为物理学家。

  苏步青和陈建功还大力倡导教学与科研相结合,这样既培养出优秀的人才,又有高质量的论文发表。美国、日本、英国、法国、德国、意大利、比利时、秘鲁等国的数学杂志,都发表过浙大数学系师生的论文,国内青年学生中一度流传"要学数学就要去浙大"的说法,印度著名数学家也把他的研究生送到苏步青这里来学习微分几何。

  在浙江大学,苏步青不仅教书育人,培养出一批批数学人才,还凭借自己的学识与孜孜不倦的科研精神,在数学研究领域中也取得令世人叹服的成绩。在射影曲线论、射影曲面论、高维射影空间共轭网理论、一般空间微分几何学和计算几何等方面,他先后实现世界同行公认的重大突破,尤其是在著名的戈德序列中的第二个伴随二次曲面,被国内外同行称为"苏二次曲面"。他还证明了闭拉普拉斯序列和构图(T4),被世界学术界誉为"苏(步青)链"。种种学术突破使苏步青赢得了"东方第一几何学家"的称号,欧美、日本的数学家称他及其同事为"浙大学派"。

  苏步青在浙江大学任教的20多年间,培养了近100名学生,其中在国内10多所著名高校担任系主任和副主任的就有25人,有5人当选中国科学院院士,加上新中国成立后培养的 3 名院士，共有 8 名院士。在复旦大学数学研究所，苏步青更有高足谷超豪、胡和生、李大潜等奇才，留下了三代四位院士共事的佳话。

3. 八年离乱中的坚守

1937 年，日本帝国主义全面侵略中国。浙江处在抗日战争的前沿，同年 10 月 24 日，日军攻陷杭州，浙大师生 700 多人在校长竺可桢的指挥下撤往建德。师生们原以为只是暂时躲避，不久就能重返杭州，没想到战火蔓延，回杭州的希望破灭了。

建德在杭州西南约 120 公里处，古称严州。浙江大学师生在建德上了一个多月的课，大致完成了这个学期的教学。在这期间，南京国民政府沿长江西迁，苏州陷落，日寇南侵，建德已经不是安居之地。12 月 24 日，杭州也沦陷了。为了全校师生的安全，校长竺可桢动员师生们继续西迁，以保存中国科研领域的中坚力量。

这时，苏步青接到一封特急电报，日本东北帝国大学聘请他为数学教授，待遇优厚。日本学校提出的待遇条件十分诱人，但苏步青丝毫不为所动，他告诉妻子学校准备内迁，让她抓紧收拾行李，做好内迁的准备，他自己则忙于系里的内迁准备工作。

一天，日本驻杭州领事馆的一个官员来到苏步青家里，对已改名为"苏松米"的松本米子说："听说夫人是日本人，去国多年，不知夫人是否有意到我们领事馆品尝日本饭菜，我们将热情款待。"松本米子淡淡地说："很遗憾，我已经过惯了中国人的生活，吃惯了中国饭菜……"来人听了，悻悻离去。

过了几天，又有人上门游说："苏先生，您的夫人是日本人，日军来了也不会对您怎么样，您何必内迁呢？"苏步青闻言非常生气，直率地对来人说："你是想让我当汉奸吗？"来人见苏步青铁了心要跟随学校内迁，讨了个没趣走了。

不久，苏步青又收到一封来自日本的特急电报，说他的岳父松本先生病危，让他们夫妇火速回日本见最后一面。面对优厚的待遇，苏步青可以不动心，但是亲人病危却使他去留两难。岳父为人一向宅心仁厚，是他尊敬的人之一。何去何从，苏步青面临着痛苦的抉择。他心里明白，在日军疯狂侵略中国的时候去日本，势必很难再回来，而自己为祖国做的事情还太少。

经过再三思考，苏步青决心留下来，他把电报交给妻子，以商量的口气对妻子说："现在这个时候我不能去日本，要不你回去吧，我要留在自己的国家，我的根在中国。"

松本米子非常理解丈夫的处境，她说："日本，我现在也不能回去了,如果我回去,我们恐怕再难见面,我要跟着你!"

经与妻子商量,苏步青给岳父写了一封回信,说:"我的祖国是中国,祖国毕竟是生我育我之母,祖国灾难无论如何深重,我都要和祖国共患难同甘苦……"

苏步青的爱国言行深深感动了浙大师生,他们纷纷前来问候,对他表示由衷的钦佩。很多浙大学子也由此坚定了精忠报国的决心。

学校搬迁前,因为孩子比较多,年龄也小,一家人行动不便,苏步青决定先送妻子和孩子到平阳乡下避一避,不跟学校一起走。

校长竺可桢非常关心苏步青一家,他担心苏步青的妻子是日本人,在路上会遇到麻烦,在苏步青送妻儿离开杭州之前,特地向浙江省主席朱家骅申请了一张特别通行证,拿着这张特别通行证,路上遇到关卡时可以躲开盘查。果然,苏步青一家路过丽水时,汽车站的站长前来检查,说:"据我们了解,你的夫人是日本人,按规定我们要检查。"苏步青拿出竺可桢给他的朱家骅手令,汽车站站长接过仔细查看后,不甘心地将他们放行了。

西迁途中充满艰辛,浙大师生们几经辗转,历经浙江建德,江西吉安、泰和,广西宜山,长途跋涉5000余里,于1940年2月抵达贵州遵义和湄潭。之后,浙大的理工学院便设在湄潭。

刚到湄潭时，苏步青的妻小还都在老家平阳。一天，校长竺可桢对苏步青说："你不要等暑假再回去，将来经衡阳回浙江的这条路肯定走不通，趁现在还勉强能走，你赶快去把家眷接来。"

苏步青为难地说："校长，我没有钱当路费，再说搬家也要花费不少。"竺可桢似乎早有准备，忙说："钱不用愁，学校替你包下来。"没过几天，竺可桢批给苏步青900块大洋，苏步青为此很感谢校长的鼎力"救急"。临走前，竺可桢又说："我已关照浙江大学在沿线管交通的校友，在路上给予你帮助。若有需要，你随时可以去找他们。"

1940年4月，苏步青和陈建功一起出发，经鹰潭至兴国，过泰和回温州。一路上，他们目睹了战争造成的破坏，到处是流离失所的难民和废墟瓦砾。

回到家乡后，苏步青稍作休息和准备，于1940年5月带着全家人从平阳起程，一路上颠簸艰险，从温州到柳州便走了35天，在柳州等了一个星期才买到公路局的车票。

竺可桢得知苏步青带家眷回校后，兴高采烈地说："这下我就放心了。"此后，苏步青一家八口和著名植物生理学家罗宗洛一家合住在湄潭的一座破庙里。这座破庙同时也是浙大数学系的课堂。

和浙江比起来，贵州的条件更加艰苦，浙大师生们常常靠吃地瓜蘸盐巴果腹。学校想尽办法，但粮食和蔬菜还是远远供应不足，只得动员师生们自己开荒种地，一边做

第三章 与浙大共进退

学问,一边种庄稼,通过自给自足解决吃饭问题。

艰苦条件下,浙大数学系仍然坚持教学,开办讨论班。湄潭在贵州省北部,日军虽然没有打到这里,却经常派飞机前来轰炸。为了躲避轰炸,数学系只得把课堂搬进山洞里,苏步青要求学生不能中断研究,定时来山洞报告和讨论。他自己的数学研究也照常进行,这一时期的他灵感迸发,成果斐然,《射影曲线概论》一书就是在这时完成的。后来成为数学名家的熊全治、白正国、张素诚、周茂清和方淑姝都是在这一时期毕业的。

受战争影响,后方的经济已经崩溃,物价飞涨。苏步青靠一个人的工资要养活一大家子,个中辛酸可想而知,他的一个儿子生下来不久就因为营养不良夭折了。苏步青常常穿着补丁摞补丁的衣服给学生上课,当他在黑板上画几何图形时,学生们对着他的背影低声开玩笑:"看,苏先生衣服上的三角形、梯形、正方形,样样俱全,还有螺旋曲线!"虽然这只是玩笑话,但松本米子知道后心里很难过,责备自己没有尽到妻子的责任。她偷偷把结婚时外祖母送给她的玉坠当了,给苏步青做了一身新衣服。苏步青回家看到新衣服后很奇怪,家里怎么还有余钱给他做新衣服?在一连串追问下,他知道了真相,他不忍责怪妻子,只是心疼地看着面前消瘦的妻儿,久久无言。他们住的破庙前有一片空地,苏步青已经很久没有干过农活,可是为了家人的生活,他硬是在放下粉笔后又拿起锄头翻地种菜。

竺可桢是位为浙大师生纾困救急的务实校长,听说苏步青一家生活困难,就请浙大附中校长将苏步青两个在浙江大学附中上学的孩子改为公费生,免交伙食费。可是,浙大附中规定公费生必须住校,孩子在家住可以几个孩子合盖一条被子,住校的话每人要一条,家里就得有几个孩子没被子,苏步青十分为难。竺可桢知道后,又亲自跑去跟附中校长商量,特许苏步青的两个孩子在家住。为了进一步解决苏步青的生活困难,竺可桢向教育部申请将苏步青作为"部聘教授",批准后,苏步青的薪水增加了一倍,生活也有了一些改善。

在西迁遵义、湄潭的 7 年中,浙江大学以"求是"精神和严谨民主的校风给黔北人民留下深刻的印象,而且师生们忧国忧民的情怀和爱国主义精神也深深感染了当地民众。浙大的一些教授成立了湄江吟社,苏步青也参与其中。他们吟诗赋词,相互唱和,讴歌祖国的壮丽河山,歌颂前线的英勇抗战,抒发忧国忧民的情怀,寄托对故乡的思念,表达抗日战争必将胜利的乐观主义精神。湄江吟社共组织了 8 次活动,由各成员轮流主持,每次都设定主题。1943 年 5 月 16 日,湄江吟社举办第四次诗会,以试新茶为主题,苏步青作诗:

翠色清香味可亲,谁家栽傍碧江滨?
摘来和露芽方嫩,焙后因风室尽春。

当酒一瓯家万里，偷闲半日尘无尘。
荷亭逭暑堪留客，何必寻僧学雅人。

第八次诗会于 1943 年 10 月 24 日举办，以冬日为题，或咏物，或抒情，或写意，取杜甫诗句"天风随柳断，客泪堕清笳"为韵。这次是湄江吟社的最后一次活动，因为有的成员将去遵义上课，有的因学术研究要去其他地方，难以再聚。苏步青写了近 200 字的长诗，流露出深沉的不舍之情，"他年重返江南日，定答西风酒一卮"，自叹"锦帆依旧无消息，那堪瘦骨更支离"。

抗日战争胜利后，浙江大学迁回杭州，终于结束了多年的西迁流亡。西迁使浙江大学实现了蜕变：科研成果影响广泛、学术百家争鸣，人才辈出，从一所地方性普通大学一跃成为有名的全国性大学之一，被英国著名的科学史家李约瑟誉为"东方剑桥"。

4. 台北情意

1945 年 8 月 15 日，日本帝国主义宣布投降，中国人民艰苦卓绝的抗日战争取得了伟大胜利。

一天，浙江大学接到教育部来电，要求学校派三人前往台湾，从日本人手中接管台北大学。按校方安排，苏步青、陈建功、蔡邦华三人组成了台北大学接收团，从重庆顺长江而下，18天后来到上海。在上海与全国各地来的400多名接收大员一起，乘坐轮船前往台湾基隆港。

台湾自古以来就是中国的领土，曾被荷兰殖民者侵占38年，后来又遭到日本帝国主义的蹂躏，如今宝岛台湾终于回到中国手里，苏步青内心激动万分。尽管横渡台湾海峡的轮船颠簸得很厉害，使他呕吐不止，但他内心扬眉吐气的兴奋心情却无论如何都抑制不住。

经过一天一夜的海上航行，接收团一行抵达台北。当时台北大学只有农学院和理学院两个学院，学生只有可怜的几十人，教师寥寥无几，但接收团工作开展得一丝不苟，连家具、账目都逐一清点、签收。苏步青被任命为理学院代理院长。后来，接收团又增加了台湾籍教授，同行在台湾进行调查考察，宝岛美丽旖旎的亚热带风光让苏步青和其他成员叹为观止。在为期5个月的接收工作中，苏步青写下20多首诗，抒发自己的情感。

赤鲷

岛国南来食有盈，赤鲷风味最鲜清。
红鳞暗忆桃花涨，巨口应吹柳絮行。
合是登龙夸彩鲤，莫教弹铗怨儒生。
凤凰新侣金盘列，好伴扶桑画烛明。

第三章 与浙大共进退

将别台湾作

蜀云黔雨久离居,草席纸窗三月余。
望隔层楼青椰子,潮生曲水赤鲷鱼。
心悲形役聊从俗,老被人嘲尚读书。
惟有归欤新赋好,宁忘安步可当车。

乘飞机自台北飞沪(二首)

(一)

一机起东海,双翼拂烟霞。
过眼乡关隔,回头岛国赊。
云藏青雁荡,雨湿古龙华。
未必无愁思,薄寒江树斜。

(二)

不尽河山影,都从足下生。
天开云路阔,翼顺雨丝横。
破浪期他日,乘风快此行。
太虚如可极,稳坐胜长鲸。

1946年2月底,苏步青、陈建功、蔡邦华三人结束接收台北大学的工作,返回上海。这年夏天,台北大学改名为台湾大学,由浙江大学理学院生物系主任罗宗洛教授担任校长。苏步青十分怀念这段有意义的日子,怀念台湾的山水风物，怀念在台湾共事的朋友们。新中国成立后，苏步青痛感台湾与祖国大陆分离，为台湾回归祖国做了大量工作。

5. 不惧白色恐怖

1935年，国民党政府和日本政府签订了卖国的《何梅协定》，日寇的铁蹄肆意踏进华北平原。北平学生在中国共产党地下组织的领导下，于12月9日举行了声势浩大的游行示威，抗议国民党政府的卖国行径，结果遭到残酷镇压。12月10日，消息传到浙江大学，全校学生群情激愤，集会声讨国民党政府的暴行，响应北平学生的爱国运动。

12月11日，杭州学生发起示威游行，声援北平学生，国民党军警抓走12名学生代表，引发了学生冲击铁路事件。浙江省政府迫于压力，只得释放学生并公开道歉。然而，这几名被关押的学生刚刚回到学校，校长郭任远就让人贴出开除学生会主席施尔宜和副主席杨国华学籍的布告，导致浙大学生发起"驱郭"斗争。

郭任远开除学生，阻挠学生的爱国行动，学生们对其忍耐已久，这次他强行开除学生会主席更是激起了全校学生的愤怒。学生会组织学生罢课，不承认郭任远是浙大校长，要求把他驱逐出校。"驱郭"斗争得到社会各界的大力支持,郭任远离开了学校。

学校"瘫痪"了,国民政府教育部不得不电告浙江大学成立临时校务委员会,由郑宗海(代理校长)、李寿恒(工学院院长)和苏步青三人组成临时校务委员会。国民党政府想让他们维持校务工作,平息学生运动,但是他们却支持学生的正义斗争。

1936年1月22日,蒋介石带着大批军警来到浙江大学,召见了苏步青、郑宗海、李寿恒及施尔宜,当面训斥了他们的做法。由于学生们团结一致,临时校务委员会成员也支持学生,蒋介石气急败坏,要求临时校务委员会下令学生复课,并威胁要将闹事学生"绳之以法"。蒋介石走后,学生罢课仍延续了30天,国民党政府不得不免去郭任远的校长职务,学生的"驱郭"斗争取得胜利。1936年4月7日,竺可桢被任命为浙江大学校长。

1947年,国民党政府扩大内战,贪污腐败,民不聊生,物价一日三涨,每月起码上涨一倍。浙江大学的教授们仅凭微薄的工资已无法维持生计,只能向政府要求补发工资。苏步青作为浙江大学的教授代表,受竺可桢委托,到南京要钱、要粮、要布。

10月30日,苏步青在南京听到一个让人震惊的消息:浙大学生自治会主席于子三在杭州警备司令部监狱被杀害了。

于子三为人正直,学习努力,成绩优良,而且热心为同学服务，所以被选为学生自治会主席。10月26日凌晨，他和几名同学一起被捕。当时苏步青还在杭州，他和竺可桢到处打听他们的下落，并想方设法进行营救，但是无果，只获准与被捕学生见一面。见面时，苏步青和竺可桢安慰学生们，希望事情能妥善解决，没想到反动当局不分青红皂白，就对于子三下了毒手。

苏步青对此极为愤慨，他以教授会主席的名义从南京向浙江大学发电报。

浙大教授会：

鉴于国民党当局杀害学生自治会主席于子三同学，为表示哀悼，全校教师停课一天，并要求查清惨案真相。

苏步青
1947年10月30日

10月30日下午，浙大学生在广场集合，然后上街游行。游行队伍举着于子三的遗像和"冤沉何处"的白布条幅，穿过街市，散发《告社会人士书》。10月31日，反动当局宣布杭州戒严，并歪曲事实，在报纸上宣称于子三"畏罪自杀"。这一举动更激起了师生们的义愤。

教授会召开紧急会议，通过了11月3日罢课一天的决议，并发表抗议宣言。他们对于子三的惨死有多处质疑，要求彻查真相，对有关责任人严加惩处，以申法纪。

因为此事，苏步青从南京回到浙江大学后，收到特务的恐吓信，但他并不理会，仍然理直气壮地支持学生的正义行动。于子三被害后，学生自治会主席由苏步青的学生谷超豪继任。谷超豪把悼念学友的文集《踏着血迹前进》送给苏步青过目，苏步青十分同情学生的进步行动，对国民党反动当局迫害学生的做法尤为不齿。

围绕于子三出殡，浙大师生与国民党政府展开了针锋相对的谈判。在国民党军警的重压下，第一次出殡发生了流血事件。直到1948年3月14日清晨，才再度将于子三出殡。那天，校门外停着三辆校车和两辆卡车，卡车旁边站着十几个荷枪实弹的警察，广场上肃立着数以千计的学生。学生自治会代表给大家分发白纸花，苏步青和竺可桢也参加了葬礼。

苏步青坚决支持学生的正义行动，但他也明白斗争是复杂的，反动派对付学生手段毒辣，作为老师，他必须尽可能地保护他们。1948年下半年，国民党反动当局设立了特种刑事法庭，企图大规模传讯进步学生。大家心知肚明，这个所谓的"法庭"实际上是逮捕学生的"工作间"。浙大学生陈业荣被列入名单，苏步青以陈业荣素有肺病为名，出面担保，让他在学校疗养，免遭反动当局逮捕。

1948年，在人民解放军的强大军事攻势面前，国民党的反动统治摇摇欲坠，濒临崩溃。但是，黎明前的黑暗愈加密不透风地笼罩着浙江大学。浙大师生为了迎接杭州解放，防止国民党反动派在溃逃前进行破坏，开展了护校运动。

1949年1月，浙江大学学生自治会选举出7人为应变委员会成员；随后，校务委员会推举蔡邦华等4人，加上校长邀聘苏步青等3人组成了安全委员会，共同保卫学校。4月24日，由胡刚复等25人组成的联合机构成立，命名为"浙江大学应变委员会"，委员会由7人组成主席团，其中，严仁赓为主席、苏步青为副主席，下设购物、水电、警卫等11个小组。

从1948年起，浙江大学陆续换了几任训导长。一天，竺可桢找到苏步青，希望由他担任训导长，苏步青一时不知怎样回答。因为训导长一般要国民党党员才能担任，而且这个岗位的职责是压制学生运动。他当然不会站在反动当局一边，压制进步学生，但支持、同情学生又要冒极大风险，所以不能不慎重对待。这让他联想到同事费巩的遭遇。

1940年是抗战形势格外严峻的一年，国民党政府一面消极抗战，一面镇压学生的抗日救国运动。费巩在竺可桢的热情邀请和学生们的热烈拥护下，担任起不拿训导长薪俸的训导长。不过，费巩显然不是当局"认可"的训导长，半年以后，竺可桢接到教育部的指令，要求更换训导长。竺可桢无奈，只得免去费巩的训导长职务。费巩疾恶如仇，经常撰文抨击国民党统治之腐败，还在校园发表演讲，遭到国民党特务的严密监视。

1945年，费巩应母校复旦大学之邀前去讲学。此时的复旦大学早已迁至重庆北碚一带。他想在母校举办"民主与法制"讲座，计划以一年时间讲授"英国政府""现代中国政治问题""中国政理"三门课，因而决定以国民党的腐败政治和工作效率、人事制度为最新案例代替讲稿中的陈旧史实。他的调查行动受到特务的跟踪。2月7日，费巩在郭沫若起草的文化界《对时局进言》上签名，要求国民党召开党派会议，组织联合政府，惩治腐败。这篇文章一发表，立即引起巨大反响，在国民党统治区掀起了要求成立联合政府的民主运动。蒋介石坐立不安，决定杀一儆百，特务们奉命对签名者进行威胁、恐吓、利诱。个别人迫于压力，登报声明自己"并未参加"，费巩对反动派的卑鄙行径极为愤慨，发表文章予以驳斥。这一公开表态更使国民党反动派将他视为眼中钉、肉中刺。

3月5日凌晨，费巩到重庆千厮门码头搭船，准备前往北碚复旦大学，原浙大学生邵全声为他送行。当邵全声去附近取回寄存的行李时，发现费巩被特务绑架"失踪"了。

费巩失踪的消息引起了重庆各界的关注。1946年12月，周恩来等出席政治协商会议时，向国民党当局提出立即释放叶挺、廖承志、张学良、杨虎城、费巩的要求。但是，费巩未能得到释放。新中国成立后，经过调查，才知

69

道费巩遭秘密绑架后,被残害于歌乐山集中营,并用硝镪水毁尸灭迹。

1978年9月,上海市政府追认费巩为革命烈士。1979年10月,浙江大学隆重召开费巩烈士纪念会。苏步青因为即将率教育部派出的大学校长访问团出国访问,已在北京集合,未能出席纪念会,于是写了一篇《学习费巩烈士高贵精神》的文章。他在文章中写道:"在解放前,我也当过浙江大学训导长,虽然时间是在天亮前后、国民党反动政府摇摇欲坠的情况下,同费巩先生的时候不能比拟,但是,反动派垂死挣扎,气焰还十分嚣张。由于有费巩先生不畏强暴、捍卫真理的精神鼓励我,进步的、勇敢的、锻炼有素的浙大同学,包括一些地下党员帮助我,使我总算尚无大过地渡过了翻天覆地的大关,进入新中国。"

一起工作多年,竺可桢熟悉苏步青的为人,他同情进步学生,而且有一定名气,国民党当局不敢轻易对他下手。而且学校1000多名学生也联名请求苏步青当训导长,给予了他极大的信任。

入夜,苏步青思前想后这件事,他辗转反侧,难以入睡。他想,自己现在已是中央研究院院士,与浙江省政府主席陈仪是老相识,还兼任航空学校校长,如果能够善用这些有利因素来保护学生,岂不是更为保险?打消了心中顾虑后,苏步青当上了浙大训导长。

上任第一天,苏步青组织修建了学校大操场一段倒塌的围墙,以保护校园和学生的人身安全。他发动数百名学生、工人、教师一起砌墙,自己也参与其中,3天后这段围墙砌好了。

淮海战役结束后,蒋介石被迫宣布"引退",由李宗仁担任代总统。李宗仁上台后即发表文告,其中提到释放政治犯。竺可桢和苏步青当即提出申请保释被捕的5名学生。苏步青和数百名学生来到浙江省第一监狱,苏步青出面作保,按了手印,将5名学生保释出狱。

随着形势的发展,斗争越来越复杂。1948年,国民党政府预感末日来临,一些要员纷纷逃往台湾。当局有人提出,要使苏步青站在国民党这边,就要先设法将其孩子一个个送往台湾。苏步青起初并不知道这是计谋,跟妻子商量对策,妻子说最好跟陈建功商量一下。苏步青便找到陈建功,说自己孩子多,生活困难,想趁这个机会把几个孩子送到居住在台湾的哥哥苏步皋处。陈建功听后,极力劝阻道:"不能去,孩子到了台湾,将来可能会落入国民党手里,变成他们要挟你的人质。"苏步青恍然大悟,当即表示要留在大陆,不再有去台湾的念想。回到家里,他把国民党的阴谋告诉妻子,并叮嘱她千万看住孩子,不放他们去日本留学,更要警惕国民党将他们弄到台湾去。

1949年春,中共地下党组织中共杭州市工委给苏步青送来贺年卡,贺年卡上有毛泽东的署名。苏步青从他的学生、地下党员谷超豪那里拿到贺年卡并读了其中内容后,深深感受到共产党对自己的信任,更加坚定了跟随共产党的信念。当年3月,大批国民党官员开始逃跑,当局替苏步青准备了机票,想把他的几个孩子先送去台湾,但遭到了他的断然拒绝,他决定留在杭州,迎接新中国的曙光。

第四章 桃李满天下

苏步青从教 50 多年,不但取得了举世瞩目的学术成就,而且孜孜不倦地在杏坛上耕耘。他的许多学生后来都成绩斐然,成为攀登数学高峰的中坚和骨干力量。苏步青可谓桃李满天下。

1. 东方第一几何学家

苏步青的主要研究方向是微分几何。从1927年起，他在国内外发表数学论文160余篇，出版了10多部专著。著名数学家陈省身在为《苏步青数学论文选集》所作的引言中说：

"早在（20世纪）30年代初，作为一名微分几何方面的研究生，我就曾如饥似渴地拜读过苏教授在仿射和射影微分几何方面的论文。那时能发表数学论文的中国人还寥若晨星，而苏教授却已以自己的丰硕成果闻名于世。他的论文所涉及的课题正属于我比较熟悉而且颇感兴趣的领域。

"苏教授的数学生涯已横跨半个多世纪，他的研究工作承继了 Monge（蒙日）、Dupin（杜宾）、Euler（欧拉）和 Lie（马里乌斯·索菲斯·李）等数学大师的卓越传统。他在广阔的背景下对齐性空间中的子流形展开了研究，并用嵌入空间几何的语言对低阶元素做出了解释。苏教授致力于研究一种重要的特殊情况,即其嵌入空间为仿射空间或射影空间,而子流形是曲线、曲面或线汇的情况。其几何学内容的丰富是难以估量的。举例来说,他对仿射曲面理论所做的重要研究成果之一是引入四次锥面,这种锥面与仿射法线、Darboux 方向和 Segre 方向以及 Transon 平面等概念巧妙地联系在一起了。

"并非所有子流形都是等同的。在对子流形的研究中,一个重要问题是要挑选出某些子流形,使其具有一些有趣的特性,也就是要挑选出所谓'漂亮的'子流形。正如我们可以预料的那样,这会使几何学比其他数学分支更加接近于艺术的境界。从严格的数学角度来看,这些子流形通常满足一组偏微分方程,而要构造这些子流形就在于求解相应的微分方程组。作为一例,苏教授通过研究对角条件的周期 4 共轭网的 Laplace 序列,得到了 sine-Gordon 方程和 sinh-Gordon 方程。几何学与物理学的这种统一的确是一个非常了不起的成果。"

1872 年,德国数学家 F. 克莱因(Klein)提出了著名的"爱尔兰根计划书",总结了当时几何学发展的情况,认为每一种几何学都联系一种变换群,每种几何学所研究的内容就是在这些变换群下的不变性质。除了欧氏空间运动群之外,最为人们所熟知的有仿射变换群和射影变换群。因而在 19 世纪后期和 20 世纪最初的三四十年中,仿射微分几何学和射影微分几何学得到迅速发展。苏步青的大部分研究工作都属于这个方向,他同时致力于一般空间微分几何学和计算几何学的研究。他的不少成果被许多国家的数学家大量引用,或作为重要内容写进他们的专著。

苏步青关于仿射微分几何学的研究,已总结在1982年出版的《仿射微分几何》一书中。除了仿射微分几何学,苏步青还在4个研究方向上做出突破性成绩,为后来者提供参考。

一是射影曲线论。

射影群比仿射群更大,它能保持直线的概念,但"平行性"的概念已不复出现。从18世纪到19世纪,射影几何曾长期吸引数学家们的目光。例如,通过子群,它可以把欧氏几何和另外两类非欧几何学统一在同一理论体系中。由于既无度量,又无平行性,其微分几何的研究更为困难,即使是曲线论,虽经著名几何学家 E. 邦皮亚尼(Bompiani)、蟹谷乘养等人的多年研究,甚至在三维情况下,结果也不理想,更不用说高维的情形了。苏步青发现平面曲线在其奇点的一些协变性质,运用几何结构,以非常清楚的方法定出相应的射影标架(随曲线而变动的基本多面体,它们的作用和欧氏曲线中的弗雷内标架类似),从而为射影曲线论奠定了完美的基础,得到国际数学界的高度重视。搞局部微分几何的学者往往把奇点扔掉,而苏步青恰恰是从奇点发掘出隐藏的特性,陈省身对此十分钦佩。在这项研究中，苏步青和他的学生还同时推进了代数曲线奇点的研究。相关工作在20世纪三四十年代完成，并于抗战期间写成专著，但始终无法出版。到1954年，《射影曲线概论》才作为苏步青所写的第一部专著，由中国科学院出版，后来又出了英译本。

二是射影曲面论。

射影曲面论比曲线论要复杂得多，苏步青在20世纪三四十年代对它进行了非常深入的、内容丰富的研究，这里仅指出其中几项：

对于一个曲面上一般的点 P，S. 李（Lie）得到了一个协变的二次曲面，被命名为"李二次曲面"。作"李二次曲面"的包络，除原曲面外，还有4张曲面，于是对应于点 P 就有4个对应点，它们形成了点 P 的德穆林（Demoulin）变换。这时，所构成的空间四边形称为德穆林四边形。苏步青从这种四边形出发，构造出一个有重要性质的协变的二次曲面，后来这个二次曲面被称为"苏二次曲面"。

苏步青还研究出一种特殊的曲面，称为 S 曲面。它们的特点是：对于这种曲面，每点的"苏二次曲面"都相同，或者可以说这曲面的各点的德穆林四边形总保持在同一张"苏二次曲面"上。这类曲面有许多有趣的性质，例如 S 曲面的两根主切曲线都属于一个线性丛（直线的三参数线性集）等。苏步青完全定义了 S 曲面，并做出它们的分类。

曲线 $K2$ 还有一个妙用,苏步青把它拿来作为曲面在 P 点的切平面上的一个绝对形。依据 F. 克莱茵（Klein）的非欧几何学的射影模型,在这切平面上就有一非欧度量,从而得到曲面上的一个二次微分形式。当这个二次微分形式的零方向为共轭网时,曲面就称为射影极小曲面。这个定义和 G. 汤姆森（Thomson）用变分方法而引进的定义是相等价的。苏步青得到了有关射影极小曲面的戈德序列的"交扭定理",它显示出优美的几何性质,但叙述起来有些复杂,这里从略。

苏步青对射影曲面论的又一重大贡献,是对周期为 4 的拉普拉斯（Laplace）序列的研究。一个曲面的拉普拉斯变换是指曲面的单参数曲线族的切线汇所构成的焦曲面,用这曲线族的共轭曲线族,又可作一个拉普拉斯变换。依这两个不同的方向继续做下去,就得到拉普拉斯序列。这种序列一般向两侧无限伸展,但也有可能是周期性的。苏步青研究了周期为 4 的拉普拉斯序列,并要求它们相对应的四点所成的空间四边形的对角线构成一个可分层偶。他把这种序列的决定归结为求解现在应用上很感兴趣的正弦－戈登方程或双曲正弦－戈登方程,指出了这种序列的许多特性。苏联的 C. H. 菲尼科夫学派对此十分赞赏,这种拉普拉斯序列被国际上命名为"苏链"。苏步青 1964 年出版的专著《射影曲面概论》全面总结了他在这一方面的成果。

三是高维空间共轭网理论。

20世纪的法国大数学家E.嘉当（Cartan）建立了外微分形式的理论。他和E.科勒（Köhler）的关于一般外微分形式方程组解的存在性和自由度的研究，是现代数学的重要成就之一。E.嘉当本人以及后来的几何学家，如苏联菲尼科夫学派都利用这一工具，在微分几何方面取得了许多重要成果。20世纪50年代，苏步青也运用这一工具研究高维射影空间中的共轭网理论。他的专著、1978年出版的《射影共轭网概论》总结了这一方面的成果。

四是一般空间的微分几何学。

在19世纪已经出现了黎曼几何学，它是以定义空间无限邻近的两点距离平方的二次微分形式为基础建立起来的。20世纪以来，黎曼几何学在广义相对论的刺激下迅速发展，并产生了更一般的以曲线长度积分为基础的芬斯勒（Finsler）空间，以超曲面面积积分为基础的嘉当空间，以二阶微分方程组为基础的道路空间和K展空间等，通称一般空间。从20世纪30年代后期开始，苏步青对于一般空间的微分几何学的发展做出了重要贡献。

对于以超曲面面积积分为基础的嘉当几何学，他着重研究了极值离差理论，即研究能保持极值超曲面的无穷小变形的方程，这是黎曼几何学中十分重要的雅可比（Jacobi）方程的一种推广。此外，他还计算了具m重面积度量

空间的 m 重面积积分的第一变分和第二变分,证明了如下事实:在一种自然选取的联络下,平直曲面必为极小曲面。这些研究对于研究一般空间的极小曲面可能会有很大作用。尽管迄今为止,有关极小曲面的研究还只限于黎曼流形或拟黎曼流形。

K 展空间是用完全可积的偏微分方程组所定义的,最早由 J. 道格拉斯(Douglas)提出。苏步青得到了射影形式的可积条件,又研究了仿射同构、射影同构及其推广。在讨论这种空间的几何结构时,他证明了"平面公理"的提法是:在 n 维的 K 展空间里,在任一点和每一 L 维($K<L<n$)平面素相切的 K 展组成了 L 维子流形,它包括每一个在其上任意点和它相切的 K 展。1958 年,包括上述成果的专著《一般空间的微分几何学》由科学出版社出版。

除上述工作外,苏步青早年还研究过凸闭曲线的理论,这属于微分几何的范畴。当平面上一凸闭曲线 E 保持和二定直线 OA、OB 相切而旋转一周时,该平面上任一点 P 的轨迹记为 $A(P)$,他证明,$A(P)$ 的面积取到最小的充要条件是 P 为 E 的施泰纳(Steiner)曲率重心 C。不仅如此,使 $A(P)$ 的面积等于一个确定常数的点 P 的轨迹必为以 C 为中心的圆。他还定出了和 E 有关的某些积分的最小值。这些结果显著地推进了日本数学家藤原松三郎的研究,并包括了施泰纳的一个著名结果为特殊情形。这些工作成果被收入他 1979 年出版的《微分几何五讲》一书中。

总的来看，苏步青在微分几何领域的研究工作，几十年来一直处于国际先进行列，并为几何学的发展提供了宝贵经验，这也使他赢得了"东方国度上升起的灿烂的数学明星""东方第一几何学家""数学之王"的称号。

2. 开创中国计算几何学

20世纪60年代，计算机辅助设计（CAD）在国际上已有相当的发展，首先应用的领域是汽车、航空和造船行业。这三个行业因产品外形曲面特别复杂，要求十分苛刻，因而成为CAD首先应用的领域。计算几何作为CAD的基础理论之一，主要研究几何形体的数学描述和计算机表述；它与计算机辅助几何设计，即CAGD，有十分密切的关系。CAGD是由微分几何、代数几何、数值计算、逼近论、拓扑学以及数控技术等形成的一门新兴边缘学科，主要研究对象和内容是对自由形曲线、曲面的数学描述、设计、分析及图形的显示、处理等。

1974年3月18日至21日在美国犹他大学举行了CAGD第一次国际会议，标志着计算几何学科的形成。大会肯定了法国的贝塞尔和美国的孔斯在CAGD方面所起的基本作用。

对于计算几何和CAD在中国的发展，苏步青做了大量的推进工作。

1972年，中国还处于"文革"动乱之中，苏步青被下放到江南造船厂接受"改造"。他了解到我国造船一直采用的是1∶1的船体放样，造多大的船就放多大的样，后来虽然采用"船体数学放样"，但缺乏应有的理论分析，而且线型光顺的问题没有得到彻底解决。出于对经济建设的关心，苏步青决心以微分几何理论来解决船体数学放样中"船艏线型光顺"和"船舯部线型光顺"这两个主要环节中存在的问题，以填补造船业在这方面的空白。

为了尽快解决光顺问题，苏步青在得到造船厂同意后，查阅了美国的有关资料，并将4篇重要论文翻译成中文，编写了《样条拟合译文选》，为计算机辅助几何设计的发展开了个头。

一天，苏步青的学生忻元龙把自己证明一份参数样条曲线最多只有一个"拐点"的材料拿给他看，他看了整个推导过程，认为很有价值。在此基础上，苏步青经过反复研究、推导，找到了测验船体多余"拐点"及清除多余"拐点"的方法，为完整实现"船艏线型光顺"和"船舯部线型光顺"的自动化奠定了基础。与此同时，他把实践与理论结合起来，写出《关于三次参数样条曲线的一个注记》等3篇参数曲线的论文。

在这项工作的基础上，苏步青和学生刘鼎元把代数曲线论中的仿射不变量方法创造性地引入计算几何学科，首先找到了平面三次参数曲线的一个特征仿射不变量I，从它的符号可以对最常用的平面上三次参数样条曲线、三次贝塞尔曲线和三次B样条曲线的奇点和拐点分布问题给出完整的分析，特别是由此提供了对平面三次贝塞尔曲线做完整分类的方法。

然后，他们对平面上的四次贝塞尔曲线、五次有理整曲线和n次有理整曲线的仿射不变量及奇点和拐点分布，进行了深入研究。在此基础上，他们研究了高维仿射空间参数的内在仿射不变量，有助于进一步研究极具应用价值的孔斯曲面、贝塞尔曲面和B样条曲面的几何性质。这些工作的一部分已经在我国造船工业中的船体放样、航空工业中的涡轮叶片空间造型，以及它们的外形设计等方面获得成功的应用，有关工作的理论部分后来被写入1981年出版的《计算几何》一书。

"文革"结束后，1978年，苏步青在上海市数学会年会上作了题为"几何外形设计理论及应用"的报告，计算几何从此在国内兴起。之后，他在复旦大学开设了一门课程——"微分几何五讲"，并主办了一个计算几何讨论班。此前，他还翻译了4篇重要论文。我国第一本《计算几何》就是由苏步青和他的学生刘鼎元编写，后来成为从事计算机辅助设计的研究人员的必读书目。

《计算几何》是苏步青应上海科技出版社之约，于

1979年年初开始动笔，历经两年写作完成的，这是一部既有理论又有应用的计算几何方面的著作，目的是满足从事计算几何和CAD研究及应用开发的大专院校师生、研究所和工厂科技人员之需。该书的"绪论"和最后一章"仿射不变量理论"由苏步青执笔，其余6章由刘鼎元撰写，最后由苏步青统稿。为了写作此书，他们收集了国内外几百篇文献，最后写成大开稿纸600页的初稿，然后苏步青用红笔对每一页都做了密密麻麻的修改。

1981年1月，《计算几何》出版，当时国内的这一研究领域尚是空白，国外也只有1979年出版的由福克斯（I. D. Faux）和迈克尔·普拉特（Michael J. Pratt）合著的《设计和制造的计算几何》（*Computational Geometry for Design and Manufacture*），读者对象是设计和制造业的工程师，内容浅显、通俗。《计算几何》则定位于综合介绍截至1980年国际上关于计算几何中的理论、方法及其应用，也包括苏步青及其学生的研究成果；读者对象为数学系师生、科技人员和工程师，既可作为研究生和高年级学生的教材，也可作为CAD应用开发工程师的参考读物。

该书第一次就印刷了12 300册。当时正值计算几何和CAD迅速发展时期，读者需求强烈，几个月便售罄，第二次印刷的10 000册也很快销完，这在数学和科技类图书中是很少见的。第二年，我国首次举行全国优秀图书评选，该书荣获"全国优秀科技图书奖"。

几年后，通过国际学术交流活动，国外同行逐渐了解了苏步青领导下的复旦大学研究小组在计算几何理论和应用两方面的成果。在 CAGD 国际会议主席、德国伯姆（Boehm）教授的推荐下，美国科学出版社于 1989 年出版了这本书的英译本 Computational Geometry: Curve and Surface Modeling。

为了让我国在这个领域跻身世界先进行列，在苏步青的领导下，浙江大学、中国科学院数学研究所、山东大学、中国科技大学和复旦大学等单位共同成立了全国计算几何协作组。协作组定期举行会议，举办计算几何训练班。之后，根据苏步青的提议，由复旦大学、浙江大学、山东大学联合举办面向全国的更大规模的研讨会和学习班，每两年举办一次，参加者十分踊跃，其中不少人后来成为 CAD 重点项目中的骨干。

经过几年的大力普及推广，到 20 世纪 90 年代，我国大中型企业逐渐抛弃了使用丁字尺、制图板的手工设计方式，进入计算机设计的阶段，与国际先进水平缩小了差距。

在推广普及 CAD 的过程中，苏步青付出了很多心血。从 1982 年到 1992 年，苏步青在 80 岁至 90 岁的 10 年间几乎参加了全国计算几何协作组的所有会议，他那忘我的工作精神和清醒的数学头脑令每一个与他共事的人敬佩不已。1992 年 5 月 18 日，第七次全国计算几何协作组会议在杭州举行。这一年苏步青已经 90 岁了，已是鲐背之年的苏步青正在住院，但是他提前委托他人买好火车票，坚持要出席会议，还要在开幕式上讲话。就在他准备和前来接他的人动身时，医院领导阻止了他。苏步青遗憾地服从，把事先写好的讲话稿拿出来，签了名，让来人带去，并再三嘱咐："要以经济建设中的重大科研问题为目标，科研成果要转化成生产力，真正体现科技是第一生产力。"

经过几年的不懈努力，协作组推进了计算几何在我国的发展，使我国在贝塞尔曲线的凸性研究和几何连续性研究方面达到了国际先进水平，应用领域从最初的造船、航空、汽车行业，发展到服装、模具、机械、动画和机器人等行业。这些都离不开苏步青的关心和推动。

在苏步青的指导下，复旦大学计算几何和CAD研究组与工业界合作，开发了一批CAD应用系统，其中的内燃机CAD系统、三维服装CAD系统是国家"七五"科技攻关重点项目。另外获得全国性和国家级奖励的有：1978年，"船体数学放样"项目（与江南造船厂合作）获全国科学大会奖；1982年，专著《计算几何》获全国优秀科技图书奖；1985年，"计算机辅助几何设计"项目获国家科技进步二等奖；1985年，"曲面法船体线型生成程序系统"项目（与上海交大合作）获国家科技进步二等奖；1997年，教材《应用几何教程》获国家优秀教学成果二等奖。

苏步青指导下的团队作为大学的一个研究小组，成功开发众多达到工业应用标准的大型CAD软件系统，无论是在国际还是国内，都是罕见的。

3. 严师出高徒

熊全治是苏步青最早的学生之一，出生于 1916 年 2 月 15 日，是江西省新建县（今南昌市新建区）人。1932 年熊全治高中毕业时，国民政府为了发展工业，鼓励中学毕业生攻读工程专业。由于江西省当时没有大学，他就报考了上海、武汉几所大学的土木工程系，但都未被录取。出榜前，他在上海看到浙江大学在杭州的第二次招生广告。他一向崇敬浙大的陈建功和苏步青两位教授，同时他自己又擅长数学，于是决定去杭州报考浙江大学数学系，最终以优异的成绩被录取。

考上浙大数学系后，熊全治跟随苏步青和陈建功学习数学。教学中，苏步青和陈建功都是用浙江官话讲课，别有风味。尤其是刚从日本回国不久的苏步青，意气风发，讲课时两眼炯炯有神，声音响亮，谈吐举止如磁石般吸引人，这让熊全治非常着迷。

1936 年，熊全治从浙江大学毕业，经过认真考虑，他决定继续跟随苏步青学习和研究。根据他的志愿，学校同意他留校任研究助理员，随苏步青研究射影微分几何。他是浙江大学数学系第一个专做研究的人员。为夯实其基础，苏步青指定他阅读德国数学家 F. 克莱因的专著《高等几何》。这本书是德文版的，而且笔调文学化，不易阅读，但熊全治还是静下心来认真地研读完了，而且受益匪浅。一日，苏步青选了一篇刚在美国数学会会报上发表的关于二次曲线的新射影特性的论文让他读。熊全治不但仔细读完这篇论文，而且还写了一篇论文《关于二次曲线》(*On the related conics*)，于 1937 年用英文刊登在浙江大学的《科学报告》上。

在日军占领上海并危及杭州的时候，浙江大学一再向西迁移。熊全治担心南昌的母亲和妹妹，以及在武汉工作的父亲和哥哥，于是离开浙大西迁的队伍，先回到南昌探望家人，看到母亲和妹妹安然无恙，又和母亲、妹妹一同到武汉与父亲和哥哥团聚。在武汉，熊全治看到了张贴的中英庚款董事会的启事，得知因时局混乱，政府停止往英国派遣留学生，将中英庚款改为对科学工作者在国内研究的补助，于是产生了申请这项补助款的想法。几个月后，他的申请被批准。此时他们一家已逃难到重庆，浙江大学则迁到了广西宜山，于是熊全治便辗转前往宜山。在宜山，他和陈建功、苏步青，以及土木系教授陈仲和住在一起。

据熊全治后来回忆："苏先生每天一早起床，从不催我早起。经陈建功先生推荐，我们四人的午饭和晚饭的点菜及一切账目全由我办。陈先生每餐都要饮一两杯绍兴老酒，我总是点一个小菜（如白切鸡，两广的名菜）给他下酒。我们四人要谈天时都在陈先生的大房间里，我们什么都谈。陈、苏两先生都信任我不传话,因此他们常当我面讨论数学系里的行政。"日军的飞机曾来宜山轰炸过一次,人们天天躲警报。他们在这里住了一年多,熊全治的研究工作始终没有中断。熊全治日夜和苏步青在一起,随时向苏步青请教,研究成果显著,共完成了5篇论文。

后来,日军攻陷南宁,柳州告急。宜山与柳州近在咫尺,岌岌可危。1940年春,浙江大学又由宜山迁往贵州遵义。苏步青继续讲授射影微分几何,并指导熊全治、张素诚、白正国和吴祖基从事科研,学术讨论的气氛相当热烈。后来学校当局觉得遵义校址太小,不适宜学校发展,于1941年初决定将理学院和农学院迁往湄潭县。熊全治仍在艰苦的条件下追随苏步青,继续从事数学研究。

1940年,中华文化基金会宣布,继续对科学工作者去国外从事研究工作予以补助,熊全治产生了去国外深入研究的念头。苏步青也大力支持他,还给美国芝加哥大学著名的射影微分几何学家莱恩教授写信推荐。因为战争导致他们跟国外几乎断绝了联系,研究工作难以正常进行。后来一了解才知道中华文化基金会对数学研究人员不予补助,熊全治前往美国进修的计划落空,便继续留在浙江大学。两年后,他升为讲师,又过了两年升为副教授。

当时政府规定,教授、副教授如无国外邀请不得出国。熊全治非常渴望出国与外国同行交流切磋,提升个人研究能力,竺可桢和苏步青也很支持,苏步青还给美国麻省理工学院的维纳教授去函,请他帮助熊全治。熊全治自己也给芝加哥大学的莱恩教授和密歇根州立大学的格罗夫教授写信,最后收到了格罗夫教授的回复,愿意为熊全治提供研究助教奖学金。原来,熊全治曾在美国《数学评论》上发表过论文,这些论文的评论都出自格罗夫教授,他对熊全治印象较深,所以同意让熊全治来给自己当助手。就这样,熊全治又用了一年多的时间办好出国手续,随后便带着妻子去了美国。

在浙江大学跟随苏步青学习研究期间,熊全治很受苏步青器重。苏步青对他既关怀备至,又严格要求,使他的数学研究能力提升很快。

据苏步青回忆,浙大西迁到湄潭后,一天夜里,熊全治突然跑到苏步青家里,苏步青问他:"这么晚了,你来有什么事?"

熊全治吞吞吐吐地说:"明天的讨论班由我作报告,我怕过不了关,想来请先生看看⋯⋯"

他话还没说完,苏步青脸色一沉,批评道:"怎么不早来?临时抱佛脚,还有什么好看?"

听到老师的批评,熊全治惭愧得无地自容,向老师告辞后,他通宵达旦,准备第二天讨论会上的报告。追随老师多年,他深知苏步青对学生要求很严格,如果报告作得不好,必然得不到老师的通融。第二天,他在惴惴不安中得知自己的报告顺利通过,从此他更坚信只有刻苦钻研才是唯一的进步途径，任何讨巧的做法都行不通。

到美国后，熊全治在微分几何方面取得了丰硕的成果，日益引起世界数学界的关注。他多次出席美国及国际数学会议，包括美国数学会与国家科学基金会于1956年在西雅图的华盛顿大学举办的关于整体微分几何的会议，1962年在加利福尼亚大学圣塔芭芭拉分校举行的关于相对论及微分几何的会议，1973年在斯坦福大学举行的关于微分几何的会议，1964年、1972年联邦德国Ober-Wolfach的国家数学研究所主办的关于整体微分几何的会议，1970年美国国家科学基金会在密歇根州立大学主办的关于微分几何的区域会议，1971年加拿大数学会在新斯科舍省哈利法克斯的达尔豪斯大学举行的第13次数学讨论会，1972年春在英国沃里克大学举行的国际大范围分析会议等。熊全治在这些会议中都作了报告，受到与会专家学者的好评。

1972年，熊全治在美国数学会的夏季会议上应邀作了一个小时的特别演讲。此后，他还应邀组织了1980年4月17日至18日美国数学会在费城举行的关于微分几何的特别会议。1980年、1987年，他分别在武汉大学、复旦大学、江西大学、杭州大学以及中国科学院讲学。自1986年起，他成为美国理海大学所办的关于几何及拓扑的国际数学年会的负责人之一。1991年9月，在复旦大学为庆祝苏步青九十大寿及从事教学科学研究65周年所举行的微分几何国际学术讨论会上，他应邀作了一个小时演讲。

熊全治于1967年创办《微分几何杂志》并担任主编，还担任新加坡世界科技出版社的编辑顾问和《理论数学丛书》主编（自1982年起），以及《东南亚数学会报》编委（自1989年起）。熊全治著述颇丰，迄今共发表了91篇论文及出版一部微分几何教材。

熊全治丰硕的学术成果除了是他个人勤奋钻研而来，还与他的授业老师苏步青有分不开的关系。苏步青对他的倾囊相授、多方帮助，使他在数学领域稳健向前，并在浙江大学这所"东方剑桥"中沉心治学，最终严师出高徒，熊全治在美国数学界拥有了一席之地，为国家、恩师与自己增光添彩。

4. 腾蛟再飞凤

在20世纪30至40年代，以苏步青为首的浙江大学射影几何学派，成为举世公认的与当时的意大利学派、美国学派三足鼎立的学派，而苏步青的得意门生白正国正是这个学派的代表人物之一。

白正国于1916年12月17日出生在浙江省平阳县腾蛟镇，与苏步青是同乡。

1933年，17岁的白正国初中毕业后，因家境贫寒，无力再上高中，便接受腾蛟小学的聘书，去当一名小学教师。

赴任前夕，他突然接到一个通知，因他在当年全省初中应届毕业生会考中，成绩特别优异，名列全考区甲等第一名，受到在温州工作的平阳同乡的赞誉，其中有些人愿意资助他升学。就这样，白正国以免试进入温州中学高中部读书。因为入校时便身披这样的荣誉，他在学校处处受到老师和同学的关注，学习也更加刻苦努力，日常生活中规规矩矩，不敢马虎。在各门课程中，他对数学最感兴趣。三年中他研读了许多参考书，自学了微积分与射影几何，对严济慈的《几何证题法》和赛欧曼（Salmon）的《二次曲线》（*Conic Sections*）两本书尤其感兴趣。当时，有一位留学过日本的数学老师对白正国的数学爱好非常关心，有一次对他说："你们平阳出了两位著名的数学家——姜立夫和苏步青。"又说，"苏步青和陈建功都留学日本，在日本时就很有名气，现在他俩都在浙江大学数学系任教。你既然喜欢数学，毕业后可以去考浙江大学数学系。"这些话启发了白正国，对他后来的数学研究起到重要作用。

1936年，白正国报考了浙江大学数学系。在"求过四定点的抛物线"这道考题中，他正确解出两条抛物线，引起苏步青的注意。

白正国上大二的时候，父亲不幸病故，一贫如洗的家里因失去经济来源而雪上加霜，他上学成了问题。苏步青知道后，首先安抚了他的情绪，鼓励他坚持下去，并对他说："过去我上学的时候也跟你一样，家里经济困窘，几度读不下去，多亏我的老师接济才把书读下来。"此后，苏步青每月从自己的工资中拿出50元给白正国作为学费和生活费，一直到他大学毕业。

四年的大学学习，为白正国打下了扎实的数学基础，他已具备了从事科学研究的能力。

1937年，抗日战争全面爆发。是年冬天，浙江大学开始辗转内迁，最后于1940年迁到贵州遵义，理学院又迁至贵州湄潭。白正国在遵义毕业后，留校担任助教。那时浙大数学系已经开办了数学研究所，白正国成为所里的第一届研究生，他选定射影微分几何作为自己的研究方向。

其时，苏步青在射影微分几何方面的研究已享有国际声誉，尤其在射影曲线论方面形成了自己特色的理论。白正国初次接触这一研究方向，相关知识储备少，便经常研读大部头的数学著作，想借此强化基础知识。有一次，苏步青看到他正在专心读一本用法文写的数学分析书，这套书共三本，他刚看第一本。苏步青觉得这样学习的效率不理想，便对他说："你这样看下去，既费时又费力，不如先选择与自己研究有关的章节来读。"白正国领会了老师的意思，把主要精力转移到精读有关射影曲面论的专著和论文上。射影微分几何这一研究领域的重要奠基人之一是意大利著名数学家G. 富比尼（Fubini），他和其他在这一领域工作的学者所写的著作和发表的文章，大多是用意大利文和法文写成。鉴于阅读文献的需要，白正国开始学习意大利文和法文。

苏步青每个学期都给研究生和教师开设"高等微分几何课",从湄潭开始,一直到浙大迁回杭州,这门课不仅从未间断,而且讲授的内容也从未重复过。1952年,院系调整后,苏步青在复旦大学继续开设这门课。白正国在浙江大学期间一直听苏步青讲授这门课,后来还在复旦大学听了两年。由于苏步青每次讲的课都不重复,都有新的内容,所以白正国每听一次课都有新的感受。苏步青这种不断进取、不断创新的钻研精神,让身边的每一个人赞叹不止。白正国也从苏步青身上学到了知识和智慧,更学到了严谨、进取的治学精神。

从1941年起,白正国发表了一系列关于射影曲面论方面的文章。这些文章都是他在抗日战争期间极其艰苦的环境中完成的。他的第一篇论文发表在中国数学会主办的《科学记录》上。该杂志是当时我国发表数学论文的唯一学术刊物,采用英文出版,对稿件的质量要求很高。可是由于物价飞涨,这样一本凝聚智慧结晶的刊物竟不能用起码的新闻纸印刷,而是用粗糙的土纸印刻。

白正国凭借他个人在数学研究上的杰出表现,1943年被浙江大学聘为研究助教。当时抗日战争仍在继续,各方面条件都很艰苦。据白正国回忆,他做助教第一个月的工资是70元,学校按月扣除10元抵还他读书时向学校借的贷款,实发60元。白正国托人到贵阳买了一个2磅的热水瓶花去30元，买了12尺白竹布做床单花去10元，剩下20元只够勉强吃饱饭。当时物价飞涨，拿到的工资仅够吃饭穿衣之用。但即使如此困难，浙江大学在竺可桢的领导下，仍然十分重视科研工作。竺可桢借鉴西南联合大学设有"研究助教"的做法，聘白正国为数学系的研究助教，以便他集中精力投入科学研究。这是浙江大学的唯一一例。

战时国内发表论文的条件并不成熟，白正国只得把论文寄到美国投稿，但战争时期邮路不畅，论文一经寄出便如石沉大海，久无回音。直到1945年抗日战争胜利后，白正国才从美国《数学评论》的微缩胶卷上得知自己的几篇论文已经发表在美国数学会的杂志上。浙江大学因此向暂避重庆的教育部申请晋升白正国为讲师。那时国立大学的教师晋升等级都要向教育部提出申请，批准后颁发证书。苏步青和陈建功就是通过重重流程被聘为"部聘教授"的，算是教授中的最高荣誉，能获此殊荣的教授为数极少。

之后，中美开始通邮。白正国在美国发表的近10篇论文的单行本陆续寄到中国来。这些见证白正国多年研究成绩的实物凭证，使他在浙江大学的学术声誉大为提高。1948年，浙江大学提升白正国为副教授。一个没有出国留过学、大学毕业刚8年的年轻人被晋升为副教授，无论是在当时的浙江大学，还是现在的国内高校都是十分罕见的。

让白正国一举成名的是他在20世纪40年代初解决了射影微分几何中著名的富比尼问题。当时在射影微分几何方面有一个引起国际数学界关注的问题：是否存在曲面，它的一族渐近曲线是互相射影等价的？问题的起因来自德国著名数学家 W. 勃拉希克（Blaschke）的一个定理：若非直纹曲面有一族渐近曲线属于线形丛，则此族是射影等价的。意大利著名数学家富比尼研究了勃拉希克定理的逆问题，即如果一族渐近曲线是射影等价的，则此族是否必属于线形丛。富比尼解决了当曲面为直纹面时的情况，得到了问题的肯定回答。由此，富比尼提问：除了一族渐近曲线属于线形丛的曲面以外，是否还有非直纹面的曲面，它的一族渐近曲线是互相射影等价的？这个难题数学界被称为"富比尼问题"。

白正国经过潜心研究，圆满地解决了这个问题，回答也是肯定的，即除了有一族渐近曲线属于线形丛外，还存在且只存在一种特殊的射影极小曲面，它的一族渐近曲线是互相射影等价的。对于白正国求证的结果，富比尼来信大加赞许，并要求杂志社提前发表白正国的论文。后来，这一成果被载入由德拉齐尼（Terracini）执笔的富比尼传记中。苏步青在专著《射影曲面概论》中对自己的得意门生所取得的成果也以专题形式做了详细介绍。

此外，白正国在射影微分几何的曲面论方面还有许多独创性的成果，如关于 Moutard 二次曲面、Godeaux 二次曲面序列等，并对直纹空间中曲面的射影理论做了系统性的研究，完成论文近 10 篇，于 20 世纪 40 年代发表在美国数学会的有关杂志上。

从 20 世纪 50 年代起，白正国转入一般空间的微分几何学的研究。1957 年，他发表了论文《关于空间曲线多边形的全曲率》，推广了著名的 W. 芬格尔定理，他推导的不等式被载入《中国数学十年》一书，并被《中国百科全书》数学卷提及。

1952 年，全国高校院系调整，白正国被安排到新成立的浙江师范学院数学系工作，并担任几何教研组组长。为克服众多困难，他参考老师苏步青当年的做法，也办起了读书报告讨论班，并硬性要求教师也参加报告讨论班。几年后，数学系的师资水平和教学风气都有了明显提升。1958 年，杭州大学成立，并与浙江师范学院合并，白正国担任杭州大学数学系系主任。1962—1966 年，《数学学报》在杭州大学设立编辑部，由白正国负责。1965 年在制定国家十二年科学规划中，杭州大学数学系的几何学和函数论都成为该项目的重点。

担任杭州大学数学系领导工作后，白正国的研究转向了黎曼几何。在黎曼几何方面，白正国完美地解决了日本著名几何学家矢野健太郎提出的存在若干独立保圆变换的黎曼空间的尺度形式问题，这是保圆几何中一个关键性的基本问题。1980 年，由著名数学大师陈省身倡导的"双微"（微分几何与微分方程）第一次会议在北京召开，白正国应邀参加。会议期间，法国著名几何学家 M. 贝尔热还向白正国索要这个成果的论文单行本。白正国还研究了黎曼空间中子流形的科达齐－里奇方程与高斯方程的相关性、共形平坦黎曼空间及常曲率空间的曲率张量的特征、共形平坦黎曼空间中的共形平坦超曲面等，先后在国内各大数学杂志上发表论文10余篇，取得了许多重要成果。

20世纪70年代，白正国的研究方向又从黎曼流形的局部性质转向整体性质。他对拟常曲率流形进行了系统的研究，得到不少精彩的结果。例如，他证明了可以等距嵌入两个不同常曲率流形的黎曼流形，必是拟常曲率流形，其逆亦真。这是一个前所未知的有趣定理。另外，他在整体子流形几何方面也给出不少很好的定理。

白正国在学术上成就卓著，在教育和培养学生上也兢兢业业。抗日战争结束后，苏步青被派去台湾接管台北大学，他承担苏步青当时所教授的两门主要课程"微分几何"和"坐标几何"的教学工作。1946年，浙江大学迁回杭州，苏步青给研究生讲授高等微分几何课并主持讨论班甲、乙等课程，那两门课仍由白正国讲授，直至1952年全国高校院系调整为止。这一期间，听过白正国讲课的学生有后来的中科院院士谷超豪与王元、美籍数学家杨忠道教授、浙江大学博士生导师董光昌和郭竹瑞等。白正国严谨的治学态度让学生们受益匪浅，谷超豪曾这样评价他：诚恳谦虚，实事求是，专心致志于学术，具有中国知识分子的传统美德。

白正国晚年总结自己走过的道路时，说得最多的就是他的老师苏步青。他说自己之所以能够取得成就，除了跟那时浓厚的研究氛围分不开，最重要的就是苏步青的帮助。

可以说，苏步青和白正国这一对师生，犹如腾蛟起凤，在浙大结下了不解之缘。在数学科学的高峰上，他们共同奋斗、携手拼搏和攀登，一直持续了半个多世纪，用汗水和心血在世界数学王国里谱写了属于中国的精美篇章。

5. 拓扑数学开辟者

1972 年，苏步青的学生、美籍著名数学家杨忠道入选《美国名人录》。他的主要成就有建立了拓扑学中的"杨忠道定理"，证明了代松猜测并解决了勃拉希克猜测等，还与众多国外著名数学家合作研究取得许多重要成果，先后发表学术论文上百篇，出版多部拓扑学方面的著作。

杨忠道，1923 年 5 月出生于浙江平阳（今温州市苍南县）。那时的平阳县城里没有初级中学，小学也不多。杨忠道上四年级时，数学老师黄仲迪利用逻辑方法讨论鸡兔同笼的问题，激发起他对数学的兴趣。

由于家境贫困，杨忠道初中毕业后没有报考高中，而是在当地初小教二年级，然后用自己赚来的钱上高中。贫困失学的经历让杨忠道更懂得上学机会的宝贵，高中三年，

第四章 桃李满天下

他的成绩一直排在全班前三名，最后以公费完成了高中学业。高中时他品学兼优，数理化成绩都名列前茅，但老师和同学们都认为他在数学上表现最出色。

那时父亲想让杨忠道念工科，但是他更喜欢数学，于是向数学老师陈仲武请教。爱才心切的陈仲武毫不犹豫地说："你当然要去念数学，如果连你都不去念，还有什么人该去念呢？"凭着老师的鼓励和个人的志向，杨忠道开始了自己的数学之路。

那时平阳县的教育虽然落后，但是已经走出两位家喻户晓的数学家：第一位是姜立夫，他于1919年获得美国哈佛大学数学博士学位，是中央研究院数学研究所第一任所长；第二位就是苏步青。他们都是中央研究院第一届院士。杨忠道从小就听说过他们的大名，并立志向他们看齐，但直到20世纪40年代才认识他们。

高中毕业会考时，以杨忠道的成绩，他可以保送进公立大学就读，但他决定上浙江大学，师从苏步青学习现代数学。

当时，浙江大学数学系迁到了贵州省湄潭县，苏步青是系主任。系里没有职员，系主任必须总管系里的大小事务。苏步青对学生亲如子女，照顾得很周到，使学生们的思乡情绪得到缓解，安心在学校求学。

杨忠道学过的课程，一年级有微积分和微分方程，二年级有高等微积分、级数概论、立体解析几何及选修的数论和偏微分方程，三年级有综合几何、近世代数和复变量函数，四年级有微分几何、实变函数和数学研究，但没有学过泛函分析、拓扑学，因为没有老师能教授这两门课。

大学四年，杨忠道的数学课成绩每个学期的平均分都在 90 分以上。但让苏步青感到惊讶的不是这些高分数，而是杨忠道在二年级读理论力学时考出 90 分。理论力学是数学系学生的必修课程，这是一门异常难读的课程，即使是数学系的优秀学生，有时也很困难，甚至考试不及格需补考，这一点让人对数学系的课程安排颇有微词。苏步青见杨忠道考了这么高的分数，笑着对他说："数学系多年来的怨气，被你一下子出光了。"其实，物理系学生读这门课同样有困难，当时和杨忠道一起上理论力学课的同学有 10 多人，及格的只有 5 人。

三年级的综合几何课是苏步青亲授，他鼓励学生广泛阅读课外参考书籍。杨忠道读了一本德文版《射影几何》，苏步青又派他管理数学系的图书，这使他看书更方便了。四年级时，杨忠道自己找题目完成了一篇数学论文，后来，该论文发表在美国的《杜克数学杂志》（$Duke\ Math.\ J.$）上。

由于成绩优秀，杨忠道大学毕业后，留校担任助教。在担任助教的两年间，他找题目写论文，除了在国内发表，还有两篇分别在美国和阿根廷的数学杂志上发表。

第四章 桃李满天下

1947年国内政局动荡，杨忠道征得苏步青的同意，于1948年夏天去中央研究院数学研究所，师从代所长陈省身，学习代数拓扑，希望学到新知识，补足自己的知识短板后再回浙江大学数学系。没想到时局急转直下，数学研究所的研究活动完全停顿，并搬迁到了台湾。

到台湾后，杨忠道在师院附中（即后来的师大附中）执教了一个学期，1949年夏天在台湾大学数学系兼任讲师。1949—1950年，他教授土木系的微积分和机械系的微分方程。

1950年，杨忠道获得助研奖学金，去美国杜兰大学攻读博士学位。1952年秋，他到伊利诺伊大学数学系做博士后研究，每周教授三个小时，同时参加系里的研究活动。1956年秋，杨忠道到宾夕法尼亚大学工作。在这期间，他先是担任助理教授，1958年被提升为副教授，1961年被提升为教授。在职期间，曾兼任数学系研究生部主任4年、数学系主任5年。

他在宾夕法尼亚大学任教35年，培养了一批数学人才，如担任马萨诸塞大学数学系主任多年的拉利·马文即出自他的门下。1979年，他应复旦大学邀请，回上海讲学。自1989年以来，他多次回国讲学，为中国培养现代数学人才、紧跟国际研究潮流做出贡献。种种成就都让他十分怀念老师苏步青对他的教导。在他的人生中，苏步青就像一座明亮的灯塔，用超群的数学智慧与豁达的人生理念领他进入科学的园地。无论身在何处，对数学孜孜不倦的追求始终将他与老师苏步青紧密联系在一起。

6. 青出于蓝胜于蓝

在苏步青的学生中，出了一对院士夫妇，这就是谷超豪和胡和生，而谷超豪又是被苏步青赞为"超过我"的学生。

谷超豪，1926年5月15日出生于浙江省永嘉县（今属温州市）。他从小性格内敛，聪慧过人，对各门功课都兴趣十足，数学、国文、历史、地理、自然等课程都学得很好。他平时举止文雅，不太爱说话和运动，但在课堂上却思维活跃，喜欢独立思考。特别是数学，他在小学三年级就掌握了分数与循环小数的互化，并知道数学上有无限的概念。

1937年，谷超豪从瓯江小学毕业；同年8月，入联立中学（今温州二中）。因成绩优秀，1938年2月，他免试转学至温州中学初中部。受哥哥谷力虹影响，他阅读了《大众哲学》《通俗经济学讲话》《十万个为什么》等书籍，在社会科学方面也自有心得。

温州中学后来聚集了不少回乡的大学老师，拥有雄厚的师资力量，尤其是数学和物理。这对谷超豪来说可谓喜从天降。他的国文、社会科学、数理的基础很全面,每次考试,成绩都很均衡且名列前茅。但他不满足于课本知识,课后还阅读了不少课外书,如刘薰宇著的《数学的园地》,其中介绍了微积分和集合论的初步思想,使他初步了解到数学中无限的三个层次:循环小数、微积分、集合论。这使他对数学产生了浓厚的兴趣,并将他带入了一个全新的世界。

然而,战争打破了他充实而快乐的求学生活。1938年,日军开始轰炸温州,很快,整座城市瘫痪了,学校被炸毁,全校师生只能逃难到青田。耳闻目睹的一切,让谷超豪深切体会到屈辱和愤慨。

在中学礼堂里,有一句孙中山先生的警句让谷超豪印象深刻:"青少年要立志做大事,不可立志做大官。"所谓"大事",在谷超豪看来,就是像孙中山那样以救国救民为己任,为国家的兴亡承担责任,自然是"大事";另外,用自然科学解释世界、改造世界,也是"大事"。

从此,谷超豪有了两个目标,既要做革命者,又要当科学家。在哥哥的影响下,他接触到一些进步书籍,还加入了学校的进步组织,写文章、贴标语,积极进行抗日宣传活动。1940年,谷超豪加入了中国共产党。

与此同时,他也恪守作为学生的本分,不忘勤勉读书学习。学期结束,他的各门课程的成绩都很突出,尤其对数学更有着浓厚的兴趣,自学了不少知识。而艰苦的生活教会他，数学并不是停留在纸面上的游戏。随学校逃难时，为了能吃饱肚子，吃饭时，学生们想了个办法：第一碗盛浅一些，快速吃完后马上去盛第二碗，装得满满的。否则，等吃完第一碗，饭桶也空了。实际上，这就是"运筹学"。

1943年，谷超豪考入浙江大学龙泉分校学习数学。他一边学习，一边从事共产党的地下工作。他说："在搞地下工作的时候我就不想数学，在钻研数学的时候也不想地下工作。我觉得自己是幸运的，能有精力平衡好两者。"

大学三年级时，谷超豪开始师从仰慕已久的苏步青。他接受能力强，思维敏捷，理解问题的深度往往超出苏步青的预想，久而久之，苏步青将他作为重点对象培养。为了拓宽他的知识面，苏步青准许他除参加微分几何讨论班外，还参加陈建功主持的函数讨论班。

参加微分几何讨论班，是谷超豪自己申请的。当时苏步青没有马上答应，几天后交给他一篇数学论文，要求他在一个月内读懂。谷超豪信心十足地接受了，回去一看，才知道这篇论文是一块"硬骨头"。这篇论文好像一幅没有文字说明的地图，不下苦功研究根本读不懂。苏步青的目的是考验谷超豪的毅力，看看他对待科学研究究竟愿意付出多少汗水。经过一段时间的刻苦琢磨，谷超豪终于交出了一份让苏步青满意的答卷。

谷超豪在大学三四年级时选修了物理系的量子力学、相对论、理论物理等课程，虽然学得并不深入，但当他到

20世纪70年代研究与规范场有关的数学问题时，深刻体会到这些选修课大有裨益。他一直认为，数学需要从其他自然科学中吸取营养，这是"数学直观"的一个重要组成部分，既能得到好课题，又可以发现新方法。他的研究工作也与这个想法密切相关。大学四年级第二学期，他研究了三维空间代数曲线的一项性质，将论证过程与结果写成论文。为慎重起见，他再一次查阅文献，发现学术界已有类似的研究，于是决定不发表文章。不久，他对陈建功提出的有关拉普拉斯变换的一个问题做出解答，他的答案成为与陈建功等人合作的一篇论文的部分内容，后来在英国伦敦数学会杂志上发表。

1948年，谷超豪毕业后留校任教。苏步青还让他管理图书室，这样便可以接触更多的资料，一边打好基础，一边做些创造性的课题。

新中国成立后，因为谷超豪曾经成功策反国民党国防部雷达研究所，而且在浙江科协的工作也做得风生水起，上级有意让他转去做行政工作。但是，谷超豪认为，对于百废待兴的中国来说，科研工作更重要。因此，他最终选择留在科研队伍中。

1952年，全国高校院系调整，之后谷超豪随苏步青来到上海复旦大学任教。

1956年，谷超豪在微分几何方面已经取得了引人注目的成就，但他却敏锐地看到了尖端技术发展对数学提出的新要求，于是转而研究偏微分方程。

1957年元旦，谷超豪与胡和生结婚。同年9月，谷超豪被公派到苏联莫斯科大学力学数学系进修，在完成规定的课程之余，他还主动学习了与高速飞行器密切相关的空气动力学，而从偏微分方程研究的角度切入，恰恰能解决空气动力学中许多困难而又重要的数学问题。1959年，谷超豪获得莫斯科大学物理－数学科学博士学位，并将研究转向偏微分方程和数学物理领域。

毫无疑问，放弃过往成就，归零后重新出发，对一个科研工作者来说是一件充满艰辛的事情。但考虑到国家需要和个人兴趣，谷超豪决定迎难而上。他说："数学最使人兴奋之处，就在于可以用它来解说或解答各门学科中的重要问题，同时又不断吸收其他学科的成就，扩大和充实自己的研究，为国家建设竭尽全力。"

1960年以后，谷超豪迎来了"丰收季"，收获了丰硕的学术成果。谷超豪的学术成果集中表现在三方面：

一是解决了杨－米尔斯方程的柯西问题。

1960—1965年，谷超豪选定了以空气动力学中的数学问题为切入点，把微分几何的研究运用于工程中的几何外形设计，开展偏微分方程的研究。1974年，谷超豪与杨振宁合作，联合发表了题为"规范场理论若干问题"的论文。之后，他在美国就偏微分方程理论和规范场的数学结构作了学术报告，博得美国数学家和物理学家的高度评价。

他解决了杨－米尔斯方程的柯西问题,比西方同类成果早10年,成功地建立了规范场的闭环路位相因子方法和决定时空对称性的基本方法,又一次引起国际数学物理界的瞩目。

二是开创波映照的研究。

20世纪80年代,谷超豪深入若干整体微分几何问题中,开始进行波映照的研究,为探索建立基本粒子的运动数学模型奠定了基础。这三方面的重要研究成果成就了他的科学巅峰之作。每个成果都触及国际基础数学的最核心理论,引发了国际数学界相关研究的浪潮。微分几何、偏微分方程、数学物理三个领域,构成了谷超豪数学研究生涯中的"金三角";研究和教学则是他"人生方程"的纵轴与横轴。谷超豪认为:"研究的精神就是创新,就是要有新的发现,发现包括前人还没有的发现,你找出来,还有新的应用,就是理论已经有了,找到新的应用,也是有价值的。"

三是解决了闵可夫斯基空间中极值曲面的构作问题。

20世纪80到90年代,谷超豪解决了闵可夫斯基空间中极值曲面的构作问题,特别对混合型极值曲面,证明了它们的解析性,并可从平面解析曲线出发,以显式的延拓方法构造出完备的混合型极值曲面。他从达布阵出发,构造了KdV族及AKNS梯队的Bäcklund变换,从而解决了许多方程组的Bäcklund变换问题。他还建立起通用性的显式公式，并将它应用于 AKNS 系统、调和映照、Bäcklund 线汇、各种类型的常曲率曲面和常平均曲率曲面、广义自对偶杨－米尔斯方程、磁单级方程等。1974 年，他根据上海市有关部门的需要，设计出一种更便捷的计算方法来解决钝头物体的非对称绕流问题，他和两位教师在一台配置很低的电子计算机上率先计算出他们所需要的数据，符合实地试验情况。

谷超豪一生论著颇丰，共发表数学论文 130 篇，其中独立发表 100 篇，在国际著名的斯普林格出版社（Springer）合作出版专著 2 部。

2009 年 8 月 6 日，经国际小行星中心和国际小行星命名委员会批准，一颗国际编号为"171448"的小行星被命名为"谷超豪星"。在命名仪式上，谷超豪勉励青年学生"学习一定要打好基础，学习中要严格要求自己""不仅要学好数学，更要学会如何用数学来解决实际问题"。

除了在数学方面成果显著，谷超豪作为教育工作者也是硕果累累，培养了一批优秀人才。

他记得自己的老师苏步青有一次说："我的学生超过了我。谷超豪只有一点不及老师，就是没有培养出像谷超豪一样的学生来。"对于恩师这句话，谷超豪深感责任重大，他说："我在好多地方不如苏先生，苏先生这句话是在将我的军，要我好好培养学生。"

谷超豪把苏步青的话作为对自己的勉励，在几十年的

第四章 桃李满天下

教学生涯中,他培养出来的一批学生形成了一支超强的科研队伍,使复旦数学研究所成了一个数学"大门派",其中涌现了李大潜、洪家兴、穆穆等9位中国科学院院士。后来他在接受记者采访时还笑说"一定程度上可以向苏先生交账了"。

回顾谷超豪的一生,他在学术研究上刻苦勤奋、成就斐然,在教学上师德昭彰、诲人不倦,无愧为一代数学大师。复旦大学为纪念谷超豪对数学事业的杰出贡献,激励青年数学工作者投身数学事业、努力做出具有创造性的数学研究工作,设立了"谷超豪奖"。

谷超豪的妻子胡和生是中国数学界唯一的女院士,更是第一位走上国际数学家大会讲台的中国女性。她和谷超豪在数学世界里"双剑合璧",相濡以沫60余年。

胡和生,1928年6月20日生于上海,籍贯江苏南京。她的祖父和父亲都是画家,她从小耳濡目染,聪明好学,画感、乐感很强。读小学和中学时,她文理兼优,这些扎实的文化基础对她后来从事数学事业帮助很大。胡和生爱好广泛,她的理想不是当画家,而是考上大学继续深造。

1950年,胡和生在报考研究生时写了一篇自述《我为什么喜欢数学?》,说理透彻,结构紧凑,文句流畅,词采华茂,被苏步青连赞"难得",之后,她顺利考到浙江大学师从苏步青。两年后因院系调整,她与苏步青一同转入复旦大学。复旦大学是以苏步青为首的我国微分几何学派的策源地，人才济济，加之老一辈数学家的鼓励指导、同行的互勉竞争，多方烘托着胡和生这颗新星冉冉升起。苏步青曾评价胡和生是一位有才能的女学生，而且学习非常刻苦，因此器重她。

胡和生毕业后任中国科学院数学研究所实习研究员、助理研究员。1956年，胡和生调至复旦大学任教。早在读研究生时，胡和生就与谷超豪渐生情愫，并于1957年元旦结为夫妻。在后来的政治运动与"文革"中，两人不离不弃，相互扶持地渡过了难关。

1982年，胡和生与合作者获国家自然科学三等奖。1984年起担任《数学学报》副主编，并担任中国数学会副理事长。1989年被聘为我国数学界的"陈省身数学奖"的评委。1992年当选中国科学院数学物理学部委员，1994年改称院士。2002年，胡和生应邀在世界数学家大会上作诺特（Noether）讲座。2003年，当选第三世界科学院院士。

胡和生长期从事微分几何研究，在微分几何领域取得了系统、深入、富有创造性的成就。例如，对超曲面的变形理论、常曲率空间的特征问题，她发展和改进了法国微分几何大师嘉当等人的工作。1960—1965年，她研究有关齐次黎曼空间运动群方面的问题，给出了确定黎曼空间运动空隙性的一般有效方法，解决了60年前意大利数学家富比尼提出的问题。她把这个结果整理到她与丈夫谷超豪合著的《齐性空间微分几何》一书中，受到同行的交口称赞。

胡和生早期在我国最高学术刊物之一的《数学学报》上发表了《共轭的仿射联络的扩充》（1953 年）、《论射影平坦空间的一个特征》（1958 年）、《关于黎曼空间的运动群与迷向群》（1964 年）等重要论文。在射影微分几何、黎曼空间完全运动群、规范场等研究方面，她都颇有建树，成为国际上有相当影响和知名度的女数学家。当时她的一些成果已处于国际领先或国际先进水平。例如，在调和映照的研究中，她撰写并出版的专著《孤立子理论与应用》发展了"孤立子理论与几何理论"的成果，处于世界领先地位，而后她又出版了《孤立子理论与应用》《微分几何学》等专著。其研究成果"经典规范场"获国家自然科学三等奖。

胡和生最初研究仿射联络空间的几何学，其中一篇论文是将苏联几何学家诺尔琴的共轭仿射联络对推广为 n 个共轭联络，得到了诺尔琴的重视和肯定，并在苏联《数学评论》上作了详细介绍。后来，胡和生研究高维欧氏空间与常曲率空间中超曲面的变形理论、常曲率流形的结构等，这些工作改进了著名几何学家 E. 嘉当、T. Y. 托马斯和苏联通讯院士亚年科的研究成果，陈省身在美国的《数学评论》中介绍了她的成就。

20 世纪 70 年代，胡和生参加了复旦大学和杨振宁合作的规范场研究，取得了很有意义的成果，被选进《杨振宁论文选集》。1979年，她单独研究了有质量的规范场，把规范场的作用量和调和映照的作用量耦合起来，得出有质量的规范场的一种生成方法。她深入地研究了静态解的存在性问题，发现质量 $m \to 0$ 的极限情况和 $m = 0$ 的情况大不相同。对于这一事实，美国著名物理学家斯坦利·德塞尔在他的论文及给杨振宁的信中说胡和生"第一个给出了经典场论中极限 $m \to 0$ 时不连续性的显式事例"，"很有意义"。法国科学院院士李希纳罗维兹和肖盖-勃吕阿十分称赞她对杨-米尔斯场的工作，请她在法兰西学院作过多次报告，并多次邀请她在国际会议上作报告。

谷超豪与胡和生两位数学界的"高山"都出自苏步青门下，他们珠联璧合，在精进数学科研方面，始终潜心不移地默默付出。自1957年结为连理后，他们一直过着简朴的生活，家里摆着陈旧的家具，到处堆放着书籍。在物质与精神的关系上，两人达成默契：不追求家的舒适，"和亲人为共同的事业奋斗，互相鼓励，互相帮助"的生活就是幸福，精神也变得很富有。年过花甲后，谷超豪在中国科技大学任校长，胡和生则独自在上海生活，两人都致力于为祖国培养人才，胡和生曾对她的学生说："要把献身科学和献身祖国的精神结合起来，要把事业的根子深深地扎在自己的国土上。"

第五章 数学王国的诗人

苏步青在钻研数学之外,还从事诗词创作70余年,与诗词结下不解之缘,出版了《苏步青业余诗词钞》与《数与诗的交融》。他的一些作品还被选入《历代诗词选注》《科学家诗词选》等诗集,这是很多从事文学创作的人都没有达到的高度。他的诗词留下了一位著名数学家诗国之旅的足迹。

1. 文理并进的数学家

作为我国科学界有名的数学专家，苏步青在文学方面也独树一帜。

苏步青从小就钟爱旧体诗，这得益于他幼年时骑在牛背上读《千家诗》《唐诗》《三国演义》等古代经典的经历。那段经历培养了他对旧体诗的独特感情。他13岁就开始写诗，直到暮年，旧体诗依然伴随他，给他的生活带去无穷的乐趣。

旧体诗的格律对孩子来说是很陌生的。苏步青少年时，还不懂旧体诗的格律，文言文中的冷僻字也大多不认识，他只凭兴趣念些古诗和民谣。念多了民谣，他更感受到劳动人民的艰辛，加上幼时的劳动经历，渐渐对劳动人民产生出深厚的感情，同时也从劳动人民的生活中悟出诗味来，诗成了他不可缺少的朋友。

第五章 数学王国的诗人

进入学校后,苏步青通过查《康熙字典》识字,更加全面地了解了诗词的意思、意境。他对诗词的兴趣更加浓厚了,文言文、旧体诗的大门倏地为他打开。

上学时,他不仅数学成绩突出,文科成绩也非常优异。中学时他能完整地背出《左传》和《唐诗三百首》,对《史记》《汉书》中的名篇也熟能成诵,并且有自己的独到见解。"暮春三月,江南草长,杂花生树,群莺乱飞""大漠孤烟直,长河落日圆""鸡声茅店月,人迹板桥霜"……这些名句都是他耳熟能详的。他知道,王安石的名句"春风又绿江南岸"中的"绿"字曾改动过4次:"到""过""入""满",最后才确定为"绿"。古人作诗用字之谨慎、态度之严谨、修辞水平之高,给他留下了深刻的印象。

青少年时代的苏步青不仅好读书,通览史书、小说、杂文等,而且还有自己的读书方法。他说:"读书,第一遍可先读个大概;第二遍、第三遍逐步加深体会。我小时候读《红楼梦》《西游记》《三国演义》都是这样。小时候最喜欢读的是《聊斋》,自己也记不清读了多少遍。起初有些地方不懂,又无处查,我就读下去再说;以后再读,逐步加深理解。读数学书也是这样,要把一部书一下子全部读懂不容易,我一般是边读、边想、边做习题。什么时候才算读好、读精了这本书呢?直到你知道这本书的优点、缺点和错误时,这才算。一部书也不是一定要完全读通读熟,即使全部读通了、读熟了,以后不用也会忘记。但这样做可以训练读书的方法,有助于学习掌握一本书的思考性和艺术性。"

在中小学时打下的扎实基础加上掌握了良好的学习方法,苏步青后来专攻数学时,比其他人进步更快。后来他当了教师,也用这种方法灵活变换角度去品评别人的作品。他在指导学生的毕业论文时发现,有的学生写的论文内容不错,但"导言"部分却写得极为平淡;有的学生写的论文不够规范,语句不通顺,更没有一点文采;特别是学理科的学生,词汇枯燥贫乏,文字不生动,甚至词不达意。因此,他一直强调高校学生,尤其是理工科学生一定要学文史、学会修辞、写文章。

"深厚的文学、历史基础是辅助我登上数学殿堂的翅膀,文学、历史知识帮助我开拓思路,加深对数学的理解。以后几十年,我能吟诗填词、出口成章,很大程度上得益于初中时文理兼治的学习方法。我要向有志于学习理工、自然科学的同学们说一句话:打好语文、史地基础,可以帮助你们跃上更高的台阶。"这是苏步青以出色的成就蜚声海内外时告诫学子们的话。

苏步青在复旦大学当校长的时候,有一年招了一批有数学天赋的学生进行专门培养。然而,他们不久就暴露出明显的不足,逐渐落后于其他学生,经过对他们的学业进行仔细检查,苏步青得出的结论是语文基础太差,阅读能力和表达能力普遍欠缺。此后,苏步青将语文列为自主招生考试的必考科目,并强调说:"复旦大学自主招生别的科目可以不考,语文必须考,考完就判卷子,不合格的,下一门功课就不用考了。基本的语文都学不好,别的也难学出什么出息。"又说,"假如说数学是科学王冠上最璀璨的明珠,那么我认为文学就应当是王冠之底座。文学是数学的基础,因此我们要重视语文学习……"

他还根据自己的心得,专门写了《略谈学好语文》一文,以此激励和指导学生。文章内容如下:

> 学好语文很重要。语文是表达思想感情的工具,没有一定的语文基础,就不能很好地表达思想感情。1976年天安门出现了那么多动人的好诗,表达了对周总理的深切哀悼和对"四人帮"的愤怒控诉。如果你没有相当的语文表达能力,就写不出来;即使写了,也表现不出那样的怒火,那样的热情。
>
> 作为中国人,总要首先学好中国的语文。中国的语文有特别好的地方。譬如诗歌吧,"绿水"对"青山","大漠孤烟直"对"长河落日圆",对得多么好!外国的诗虽也讲究押韵,但没有像中国诗歌这样工整的对偶和平仄韵律。一个国家总有自己的语言文字,作为中国人,怎能不爱好并学好本国的语文呢?
>
> 有人认为只要学好数理化就可以了,语文学得好不好没关系。这个看法不对。数理化当然重要,但语文却是学

好各门学科的最基本的工具。语文学得好,有较高的阅读写作水平,就有助于学好其他学科,有助于知识的增广和思想的开展。反之,如果语文学得不好,数理化等其他学科也就学不好,常常是一知半解的。就是其他学科学得很好,你要写实验报告,写科研论文,没有一定的语文表达能力也不行。一些文章能够长期传下来,不仅因为它的内容有用,而且它的文字也是比较好的。再说,学习语文与学习外语的关系也很密切。有的同志科学上很有成就,但是要他把自己的论文译成英文,或者把英文译成中文,都翻译不好。中国的语言是很微妙的,稍不注意,就会词不达意。翻译要做到严复所提倡的"信、达、雅"很不容易。所以,要学好外语,一定还要学好中文。

这样看来,学习语文太重要了。语文学得好不好,不但直接关系到青少年知识的增长,而且对整个民族的科学文化水平的提高和社会主义建设的进展有很大关系。我们要多跟青少年讲讲这些道理。青少年学习起来是很快的,我自己就有这样的体会。

我出生在穷乡僻壤,浙江平阳的山区,家前屋后都是山。我父亲是种田的,很穷,没念过书。但他常在富裕人家门口听人读书,识了一些字,还能记账。父亲很知道读书识字的好处,他对我们教育很严。每天晚上,父亲从田里劳动回来,吃过饭,就要查我们的功课。有一次,哥哥念不出,给父亲狠狠打了一顿,我见了很是害怕。我9岁

第五章 数学王国的诗人

那年,有一次,一个"足"字我不会解释。母亲生怕父亲回来打我,就站在村口找人问字,可是站到天黑问了许多人,还是没人能解释这个字。幸而这天晚上我没挨打,也没挨骂。我们村里没有学校,十来个孩子请了个没考上秀才的先生教书。他教我们读《论语》,读《左传》。

12岁那年,父亲送我到100多里外平阳县城里的高等小学念书。我初到城里,对许多东西都很好奇,学习不用功,贪玩。到了学期结束,我考了个倒数第一名——我们那里叫"背榜"。记得那年,我曾做了首好诗,可老师不相信,说我是抄来的。后来老师查实了,知道确是我做的,就对我说:"我冤枉你了。你很聪明,但不用功。你要知道你读书可不容易,你父亲是从一百多里路外挑了米将你送到这里来读书的……"这话对我刺激很深,从此我便发奋学习了。到了二年级,我从"背榜"跳到第一名。这以后,我不但学习勤勉,而且养成良好习惯。不论在少年时代还是在日本留学期间,我总是每晚11时睡觉,早上5时起床,虽严寒季节亦如此。

1915年,我进了当时温州唯一的一所中学。那时,我立志要学文学、历史。一年级时,我用《左传》笔法写了一篇作文。老师把它列为全班第一,但又不完全相信是我写的。问我:"这是你自己写的吗?"我说:"是的。我会背《左传》。"老师挑了一篇让我背,我很快背出来了。老师不得不叹服,并说:"你这篇文章也完全是《左传》笔法!"《史记》中不少文章我也会背,《项羽本纪》那样的长文,我也背得滚瓜烂熟。我还喜欢读《昭明文选》。"暮春三月,江南草长,杂花生树,群莺乱飞。"(丘迟《与陈伯之书》)我欣赏极了。还有《资治通鉴》,共有200多卷,我打算在中学4年里全部读完;第一年末,我已念完二十来卷。这时,学校来了一位因病休学从日本回来的杨老师。他对我说:"学这些古老的东西没啥用,还是学数学好。"他将从日本带回来的数学教材翻译出来,让我学。第二年,学校又来了一位日本东京高中毕业的教师,他教我们几何,我很感兴趣,在全班学得最好。从此,我就放弃了学文学和历史的志愿而致力于攻读数学,但我还是喜欢写文章。四年级的时候,校长贪污,学生闹风潮,我带头写了反对校长的文章。

我后来成了数学专家,但仍然爱好语文。我经常吟诵唐宋诗词,也喜欢毛主席的诗词,特别是《到韶山》这一首。"为有牺牲多壮志,敢教日月换新天。喜看稻菽千重浪,遍地英雄下夕烟。"毛主席把"为有"二字用活了。现在,每晚睡觉前,我总要花二三十分钟时间念念诗词,真是乐在其中也。一个人一天到晚捧着数学书或其他专业书,脑子太紧张了,思想要僵化的。适当的调节很重要,可以帮助你更好地学习专业。我写的诗也不少,但不是为了发表,大多是自娱之作。有时也写政治性的诗,这也是一种战斗嘛。我那篇《夜读〈聊斋〉偶成》"幼爱聊斋听说书,长经世故渐生疏。老来尝尽风霜味,始信人间有鬼狐"(见1978年11月3日《解放日报》),是批判"四人帮"的。有个青年同志写信来批评我,说科学家怎么也相信有鬼狐?他不知道这是诗呀!

我从小打好了语文基础,这对我学习其他学科提供了很大的方便。我还觉得学好语文对训练一个人的思维很有帮助,可以使思想更有条理。这些对于我后来学好数学都有很大好处。

现在的学生语文基础不够扎实,古文学得太少。当然不一定都要读《论语》,但即使是《论语》,其中也有不少可学的。"学而时习之,不亦说乎"不是很好吗?"每事问",不要不懂装懂,这也对。《古文观止》220篇不一定要全部读,《前赤壁赋》《前出师表》等几篇一定要读。有些文章虽然是宣扬忠君爱国思想的,但辞章很好,可以学学它的文笔。此外,《唐诗三百首》《宋词选》中都有很多好作品,值得读。

……

人的生命是短暂的,不过几十岁,但充分利用起来,这个价值是不可低估的。细水长流,积少成多;锲而不舍,金石可镂;坚持到底,就是胜利。学习语文也是这样。我对数学系的青年同志要求一直很严,一般要学4门外语,当然,首先中文的基础要好。我还要他们挑选一本自己喜欢的文学书,经常看看、读读,当作休息。

还有，青少年学写字很重要。字要写得正确，端端正正，正楷学好了再学行书或草书。这样，字才写得好。我经常收到青年来信，有的信上错别字连篇。有的连写信的常识也没有：信纸上称我"尊敬的苏老"，写了许多敬佩我的话，信封上却是写"苏步青收"。加一个"同志"不可以吗？我的孙子给我来信也是这样，我批评了他。第二次，他写成"苏步青爷爷收"，我又批评了他：信封上的称呼主要是给邮递员同志看的，难道邮递员也能叫我爷爷吗？以后他改成"苏步青同志收"了。

总之，青少年时期的教育很重要。人在这个时期精力最旺盛，记忆能力、吸收能力都很强，不论学什么进步都比较快。要充分利用这个特点。我在青少年时期读书条件差，见识也少，到十七岁时才看见汽车、轮船。现在的青少年接触的东西多，见识广，可以看到各种图书资料，还能从广播、电视中学到不少知识；党和国家非常关怀青少年的学习，为青少年提供学习的方便。因此，要十分珍惜这样好的条件。

苏步青把学数学和学诗歌结合起来，数与诗交融。他认为数与诗有共性，这种共性就是想象力，如果这个共性体现在一个人身上，便会有其独特的感受。他对人讲："搞数学的人不能总是在数学中转圈，我爱在休息之时读些诗词，以此对大脑进行调节，起着听音乐的作用。再说了，数学是讲究逻辑推理的，诗歌也不可无逻辑性。别的不说，就是押韵与平仄，便非常有规律。如果不讲究规律，诗的味道便差远了。"

苏步青一生不仅留下 10 多部数学专著和 150 多篇数学论文，还有 500 多首旧体诗词。他的诗作，诗意浓郁，朗朗上口，通俗浅近而又寓意深长。他本人曾感慨地说："文学和历史是扶我登上数学殿堂的翅膀，它们帮我开拓思路，加深对数学的理解。我吟诗填词，出口成章，很大程度上得益于小时候文理兼治的学习方法。"

苏步青的外语水平也很高。1979 年，他受邀访问日本，日本报刊在介绍他时，开列了他所懂的外语：日语、英语、法语、德语、意大利语、俄语，这六门外语都是苏步青自学的。他曾说："学术是跨越国界的，做学问就要懂得中文和外文。良好的外文水平，可以用来查阅外国科学论文、资料，做到为我所用。"他下了苦功，也达到惊人的水平，不仅能够熟练地说、写、翻译日文和英文，而且能熟练地阅读法文、德文、俄文、意文。他总是强调："学外文一定要学好日文，因日文有外来语，从中可以了解到其他语种。"这六门外语是苏步青在 25 岁之前学会的，后来即使年纪大了，他仍然坚持练习。持续的学习开阔了他的眼界，文理并进是他不断创新的动力源泉。

2. 家国眷恋赋诗篇

起初,苏步青读诗词,只知道诗词中蕴藏着大智慧,对读过的诗只是一知半解。后来读得多了,他渐谙其中三昧,进入作者描绘的情境,感叹不已。诗是迷人的,读者一入迷,诗道就显现了。后来,他触景生情,诗文佳句往往能够信手拈来。

他10多岁就在自己的家乡吟出了一鸣惊人的《言志诗》:

清溪堪作带,修竹好当鞭。
牵起卧牛走,去耕天下田。

苏步青在诗词中对故人故乡着墨较多。他是温州平阳县人,近雁荡卧牛山,本是农家子,小时候是放牛娃,所以在诗中多次写到"卧牛山下农家子,牛背讴歌带溪水","牛背笛横斜日渡,羊肠径逐故园门。秋来处处堪留恋,朱橘黄柑又几村"。尽管后来他学成归国,成为举世闻名的数学家,地位变了,但他对家乡的感情却终身未忘,"梦里云烟寺里钟,十年雁荡养吾胸"。

有一次,苏步青与客人交谈,他说:"诗以言志嘛,我的诗常常寄托我的真实感情。"

日本侵略中国，残害百姓。为了躲避日军，苏步青全家不得不搬到家乡水头镇浦底。晚上听到燕子在外扑翼的声音，他想到自己被迫背井离乡，不由得思绪万千，写下《燕子》诗：

> 燕子来何处，深宵宿我家。
> 声嘶知路远，翼破想风斜。
> 故里堂今废，新巢愿尚赊。
> 江南云水足，莫再向天涯。

苏步青写景的方法十分独特，常常以韵写景，表达他对祖国河山的热爱。即使在抗战时期，他也时常赋诗作词歌颂祖国的万里河山。其中一首《清平乐》，大约是他在浙大西迁之前回家时所作：

> 竹庐雨后，稚子门前候。初夏绿窗人如旧，仿佛几分消瘦。
> 而今洒却闲愁，凉风浅醉登楼。吟咐溪边杨柳，殷勤为系归舟。

"稚子门前候"是由陶渊明《归去来兮辞》中"稚子候门"而来，整首词有一种闲适的归来之感。

1939 年，苏步青在广西宜山颠沛流离，写了一首《龙江晚眺》：

> 风逐溪云宿雨收，山城春半却如秋。
> 谁家箬笠归耕晚，影落斜阳古渡头。

黄昏中他立于江边，目睹农家收耕晚归，战乱中难得的生活景象让他感叹不已。

1940 年，苏步青回到故乡平阳，游了南雁，写下很多优美的诗词，如《南雁荡爱山亭晚眺》中写道：

> 爱山亭上少淹留，烟绕村耕欲渐休。
> 牛背只应斜日晚，羊肠从此入山幽。
> 云飞千嶂风和雨，滩响一溪夏亦秋。
> 长忆春来芳草遍，夕阳渡口系归舟。

由于他对南雁荡山的环境十分熟悉，顺手拈来，把碧溪渡、东南屏嶂、云关等景点描绘得呼之欲出。

1942 年，友人在送苏步青的诗中写道："子规声里情难遣，心逐飞鸿雁荡边。"他和道："云关千级迂仙道，月牖孤悬印雁行。"家乡的老同学带来南雁特产香鱼干，他又深情地写下："闻道家园秋已晚，西风不用忆鲈鱼。"

1945 年抗战刚刚胜利，随浙江大学在西南山区避战多

年的苏步青很想回家乡看一看,却苦于没有机会,为此他在《梦游仙姑洞,醒后口占》中写道:

> 梦里仙姑画里行,居然一水竹排轻。
> 不知窗际寒灯影,竟化山头皓月明。
> 华表鹤归春有讯,云关雁断夜无声。
> 可怜咫尺家园路,只为晓钟回未成。

窗前的寒灯竟化成家乡卧牛山头的明月,可见苏步青思乡之情深意切。

1946年,苏步青写下《春日湖上口占二首》,其中的第二首诗写道:

> 春日湖中载酒迟,十年重到真如痴。
> 堤边尽是青青柳,管了人间几别离。

历经战乱,重来杭州,湖山依旧,几度沧桑,西湖在苏步青心中触发了国家兴亡感,他笔底自然而然流淌出一种厚重的历史韵味。正因如此,咏西湖之诗作不知凡几,但他的诗自有其不可代替的艺术价值。

北雁北归故里的情怀为苏步青所喜爱,在他的作品里,也有不少赞颂北雁的诗。1961年,他看到北雁北归,写下了《宿灵峰寺》:

灵峰佳境古仙居,四面林峦画不如。
滩响一溪新雨后,月明千嶂夜凉初。
雄鹰晚歇凌风翼,玉岫晨装对镜姝。
闻道龙湫更奇绝,明朝诗思未应孤。

次日游大龙湫,他又写《大龙湫》:

自古闻名奇雁荡,今朝饱看大龙湫。
水晶帘挂千盘箔,白玉丝经万丈绸。
轻雾生时银练直,寒光落处碧潭秋。
向阳返照高台上,五彩缤纷一望收。

苏步青多年居住在杭州,并数次游览西湖,因此他描绘西湖美景的诗可以说数不胜数。

1979年3月,全国数学会理事会在杭州饭店开会,苏步青在忙碌之余,写下一首《早春宿湖滨赋》:

波光山色互争辉,烟树云林间翠微。
寒恋枝头桃未靥,春沿堤岸柳初眉。
催花夜雨还惊梦,迎客朝晴又送归。
曷效孤高和靖老,梅妻鹤子渡生涯。

第五章 数学王国的诗人

游了西湖六和塔后,苏步青又留下一首绝句:

六和塔影自崔巍,几度狂风急雨催。
欲望故乡千里远,直须更上一层来。

1980年8月,苏步青在湖州市莫干山疗养一个月,其间写下几首动人的诗,其中一首写道:

重访莫干今老翁,杖藜犹幸未龙钟。
瀑声千级迂回路,篁影万竿高下丛。
日暖山秋怀往事,河清人寿庆新容。
吾生难得闲如是,拟看朝阳攀顶峰。

苏步青对自己的家乡尤其热爱。1980年,中宣部委托浙江省委宣传部试办平阳、湖州、诸暨、江山四家报纸,时任平阳报社副总编辑郑立于向各地平阳籍知名人士去信去电,请求给予支持,不多久他就收到苏步青的来信并附七绝一首,诗云:

梦里家山几十春,寄将瘦影问乡亲。
何时共赏卧牛月,袖拂东西南北尘。

此外,还有题识:"《平阳报》复刊纪念,庚申仲秋,苏步青。"

接着，平阳县地名志办公室负责人通过平阳报社给苏步青写信，请他为地名志扉页题词。苏步青十分珍重乡谊，没过多久，县地名志办公室便收到他的题词：

地灵人杰我平阳，鳌水雁山鱼米乡。
众志成城此宏业，书传万古泽流长。

这首诗的题识为："小诗恭贺《平阳地名志》出版，一九八五年，苏步青。"

这段时间，苏步青为平阳坡南内河埠头的问津亭题匾，为鳌江某门楣题字，还在南雁荡、腾蛟等风景区留下墨迹。

不久，苏步青又去信，并附上一首亲自题写的七律：

少年意气老来收，漫道寿夭能得侔。
世自分三成一局，生难满百虑千秋。
客怀似水终嫌淡，别梦如烟转觉浮。
苦忆钱塘明月夜，何人江上弄潮头？

家乡人真是陶醉了。其中的对偶句"世自分三成一局，生难满百虑千秋""客怀似水终嫌淡，别梦如烟转觉浮"，引人深思。苏步青在浙江大学工作多年，所以结句云："苦忆钱塘明月夜，何人江上弄潮头？"更激励和鼓舞后人要站在时代的前列,勇敢地做"弄潮儿"。

1983年7月中旬的一天,平阳报社副总编辑郑立于收到一封用"国务院学位委员会"的信封寄来的信。他打开一看,原来是苏步青书写的七律,诗曰:

> 旧山遥隔白云端,梦里春深听杜鹃。
> 衣锦夜行非昔日,闻鸡起舞记当年。
> 锲而不舍镂金石,老益无能让俊贤。
> 忆得坡公誓江水,难忘乡井未归田。

诗的题识为:"癸亥春节,退居二线,赋此自娱,书奉郑立于同志法家雅正。复旦大学八十一翁苏步青。"

这幅作品诗书俱佳,大家视如珍宝。平阳县文化局领导干部请温州最好的装裱名家予以装裱。

苏步青用诗词把自然和社会生活的丰富性描写得淋漓尽致。他说:"旧体诗并不是想写就可以写出来的,喜欢写诗并不等于就能写好诗。首先要有内容,主题需要清楚,这叫'心灵美'。同时又不能缺少好的句子,这叫'外表美'。两者结合得好,才能表里如一,写出的诗才能让人惊叹叫绝。"他的诗作既有"心灵美",又有"外表美",既有丰富的内容,又具华美的形式,内容与形式紧密结合,自然优美动人。

3. 忧山河，赤子情

在祖国山河遭受日本侵略者铁蹄践踏的离乱岁月中，苏步青僻处西南边陲，但他时时感慨的是"画角声声催铁血，烽烟处处缺金瓯"，他念念不忘的也是"万里家乡隔战尘，江南烟雨梦归频，永怀三户可亡秦"。抗战胜利后，蒋介石发动内战，陷人民于水深火热之中。这段时期，苏步青的诗词流露出感时伤世、心忧天下的情怀："极目东西无净土""愁闻鼙鼓动余哀"。在中国大地饱受炮火轰击的灾难岁月里，他的诗词多为忧患之音、沉郁之作，表现了他爱国忧民的赤子之心。

1939 年，苏步青赴宜山时作了一首《菩萨蛮》：

轻车侵晓鹰潭发，清江时见还时没。天远路迢迢，长桥更短桥。他乡容易别，千里逢佳节。况复捷长沙，明春归看花。

词作中表达了苏步青的离愁别绪，也寄托了他对抗战胜利的憧憬。

1940 年，宾阳失守，消息传来，苏步青与家人又不得不匆匆逃出宜山，于某天晚上抵达南丹县的六寨。是夜恰逢除夕，悲愤交加的苏步青怆然写下《己卯除夕》一诗：

第五章 数学王国的诗人

> 瘴云蛮雨绕危楼，岁暮边城动客愁。
> 画角声声催铁血，烽烟处处缺金瓯。
> 贾生有泪终空洒，柳子安愚欲久留。
> 梦里江南芳草岸，垂杨何日系归舟？

这首诗是他对日本侵略者的愤怒和流离失所之苦的真实写照。与此同时，中国人民的英勇顽强又使他对抗战胜利充满了信心。

看到中学生有投笔从戎者，他就写诗相送，以示勉励：

> 屏障洛阳犹被遮，几多壮士逐轻车。
> 中原逐鹿猖夷骑，东土睡狮警胡笳。
> 不是空言能救国，终期战胜早还家。
> 书生事业今仍在，漫把戎衣得意夸。

流离失所的逃亡生涯让苏步青一家吃尽苦头，逃亡的艰辛日子更加深了他对日本帝国主义的仇恨及对故乡的无限思念。在抗战时期的一个端午节，他写道：

> 令节又重午，年年感慨多。
> 空传哀楚赋，不见汨罗人。

> 缠粽金丝细，浴兰香汗匀。
> 龙舟无处觅，故里正沉沦。

远在西南的他，看不到鳌江的潮水，见不到南雁荡山的云雾，故乡遥不可及，孤灯夜雨中，乡思绵绵无绝期，于是他写下了《湄江秋思》：

> 干戈岁久梦乡疏，每到秋来忆故居。
> 几树江枫丹叶后，一灯夜雨白头初。
> 哀时文字因人读，种菊庭院课子锄。
> 湄水无潮复无雁，不知何处得家书。

1944年，苏步青以《游七七亭，亭以纪念"七七"之役》为题作诗，云：

> 单衣攀露径，一杖过烟汀。
> 护路双双树，临江七七亭。
> 客因远游老，山是故乡青。
> 北望能无泪，中原战血腥。

这是苏步青以物寄情，对家乡沦陷和祖国山河破碎的忧愤和对人民奋起抗战的歌颂，爱国忧世之情自心中汩汩流出。

1948年,苏步青去秦淮时写了一首七律《秦淮河》,诗中有这样两句:"无情商女今安在,半面徐妃可奈何?"前一句出自杜牧《泊秦淮》中的"商女不知亡国恨,隔江犹唱后庭花";后一句出自李商隐咏史诗《南朝》中的"休夸此地分天下,只得徐妃半面妆"。苏步青的诗借古讽今,借批判陈后主的政治腐败、谴责梁帝的荒淫昏聩,揭露当时国民党的政治糜烂。

    半亩向阳地,全家仰菜根。
    曲渠疏雨水,密栅远鸡豚。
    丰歉谁能卜,辛勤共尔论。
    隐居那可及,担月过黄昏。

这首《半亩》诗是苏步青在浙江大学西迁到贵州时写的。当时物价飞涨,他一家八口住在县城南关湄水桥边一座叫朝贺寺的破庙中,生活窘迫,常以红薯拌饭,无奈之下他们在庙旁开辟了一块小菜地。在湄潭破旧的文庙里,在如豆的桐油灯下,苏步青和他的学生们在数学研究方面孜孜以求,终于完成惊世之作,使微分几何的研究上升到了一个新境界。

黉舍分三处，近蜀似倚刘。十年风雨重聚，杯酒为公酬。忆昔东西行役，公独任劳任怨，风月伴离愁。对菊倩吟句，此兴尚存否？

湄潭好，鱼米国，可淹留。男儿磊落，何须泪洒古播州！且酌茅台香醅，应舞龙泉长剑，听我醉中讴。乱后故人少，况复断乡邮。

这是苏步青在湄潭作的《水调歌头·劝饮郑公晓沧》，字里行间流露出在艰难时势中昔日学人的慷慨激昂。

1945年，国民党的"白色恐怖"让西南的浙江大学师生愤怒不已。浙江大学训导长、支持进步运动的费巩遇害后，苏步青抑制不住满腔悲愤，发出长叹。到1978年，时隔30余年后，费巩被上海市政府正式追认为革命烈士。1979年，苏步青、王淦昌等人联名倡议，浙江大学召开了费巩烈士纪念活动。为表多年心意，苏步青作《悼念费巩香曾烈士》一诗以示悼念：

香曾灯火下，风雨几黄昏。
护学偏忘己，临危独忆君。
沉冤终已雪，遗恨定长存。
恩德属于党，泪沾碑上文。

香曾是费巩的字。苏步青在前两联饱含深情地回忆了费巩在风雨如晦的环境中如何爱护学生、临危不惧,后两联又写出费巩平冤昭雪后苏步青内心的感慨。

20世纪的三四十年代,是中国极动荡、极艰苦的几十年。日军侵华,国民党专制统治,山河破碎,民不聊生……神州大地仿佛陷入一片黑暗。眼前的灰暗让每个人都惴惴不安,不由自主地涌上一阵迷茫与恐慌。最后,有的人选择拿起武器战斗,有的人选择"科学救国"道路,有的人借诗词言志怒吼,他们在黑暗中坚守,为保卫破碎的山河做不屈的斗争。

4. 念亲人,寄友人

苏步青的诗蕴含的感情极丰富,诗词重亲情,重友谊,对世界充满爱心。他的诗词中有夫妻之爱、兄弟之情、朋友之谊,渲染出一片温馨。在他的笔下,个人的亲情、友谊往往与家国之忧思、民族之大义一脉相通,显示了他在经历苦难的人生后,表达了国泰民安的强烈愿望。在他的心目中,个人的亲情、友情和国家民族情并不对立,两者融为一体,骨肉团聚的心愿与祖国的统一大业紧密相连,因此他的寄友怀亲之作具有广泛意义。

苏步青与妻子松本米子,"东西曾共万千里,苦乐相依六十年"。在他们相濡以沫的几十年里,松本米子退居苏步青身后,专心相夫教子,任劳任怨,尽管生活清贫,一家人却其乐融融。

春节,他们与孩子围坐在书斋火炉旁,温馨而祥和,忆及往事,不胜感慨:

华斋夜暖拥书城,窗外时闻落木声。
忽忆湄潭朝贺寺,廿年光景至今惊!
断简残篇久不开,中间文字有余哀。
木油灯影边城月,曾照先生诗稿来。

苏步青和松本米子结婚 50 周年金婚庆典时,他写了一首诗,纪念他们共同度过的 50 年恩爱岁月:

樱花时节爱更深,万里迢迢共度临。
不管红颜添白发,金婚佳日贵如金。

松本米子勤劳俭朴的美德尤其让苏步青感动。在 20 世纪 60 年代,苏步青的工资有所上涨,打算给妻子置办些衣服,可是他话刚一出口,松本米子就摇头说:"我们家有那么多孩子,家庭负担还很重,再说我在家里操持家务不需要多做衣服。"

1979年的一天,苏步青再次跟妻子提起做新衣服的事情:"给自己添几套衣服吧,现在我们情况不同了,孩子们也都独立了,你无论如何也要买几件新衣服,并且……"

"并且什么?"

"并且你也应该回去看看了。"

"回哪去?"松本米子一脸不解地问道。

苏步青抚着妻子的肩头说:"日本呀!你的家乡……"他刚说完这句话,便看到妻子的眼圈红了。松本米子伏在他的怀里放声痛哭起来……苏步青搂住妻子,悄悄地流下眼泪。

1979年7月,松本米子回到那个生她养她的地方,那个令她魂牵梦萦的地方。40多年了,这是她婚后随丈夫到中国后第一次回娘家,她老了,孩子也长大成人,父母那慈祥的微笑永远定格在记忆中。

短暂的分别令苏步青牵肠挂肚、思念万分,他将自己的思念诉诸笔端:

青叶城临广濑川,思君遥在白云边。
三山有路仍迷梦,十日无音若隔年。
满案簿书双睡眼,毕生事业一教鞭。
也知腰脚尚轻健,不上匡庐看瀑泉。

这一年,苏步青的学生李大潜作为访问学者到法国巴黎第六大学学习,来信向老师索要近作,苏步青将这首《怀远》寄给他。李大潜收到后,非常喜欢这首诗作,随即写了《和老师〈怀远〉一首》:

客里光阴若逝川,梦魂常在浦江边。
奉诗最喜先生健,抄邮欢传大有年。
犹忆临行深嘱咐,岂甘落后应加鞭。
诚知学术渊无底,挖到深层自及泉。

诗笺往返唱和,谱就了一段别具韵味的师生情。

1982年,松本米子因长年操劳,积劳成疾,躺在了病床上。每天下午下班后,苏步青就赶去医院照顾妻子。被妻子伺候了大半生的苏步青,终于担当起妻子的保姆角色,他给妻子带去她爱看的画报或孩子的来信,陪妻子走完了最后那段时光。他深感这一生欠妻子太多,有件事成了他终身的遗憾,那就是松本米子一生都没有到过北京。苏步青从担任第二届全国政协委员起,去北京的机会有上百次,开始由于孩子小,松本米子离不开,去不了北京,等孩子长大了,她却无缘再去了。

1986年5月,松本米子走到了生命的尽头,安详地离开了人世,享年81岁。松本米子走了,但她的贤惠、美丽、善良、才华,都留在了苏步青的记忆里。他把妻子的照片时刻带在身边,有时会泪眼蒙眬地说:"我深深地体味着'活在心中'这句话,就似我的妻子仍和我一起在庭园里散步,一起在讲坛上讲课,一起出席会议……"

他写松本米子的诗词,尤为扣人心弦。其中一首《菩萨蛮·为米妹作》曰:

明眸皓齿仙台女,中原来作畴人妇。纤指忆当时,锦弦斜雁飞。

樱花开烂漫,川鹿声呼唤。夜夜约相逢,毗沙门寺钟。

睿思巧构,情妙景妙声妙色妙,真是绝妙好词。

失去妻子后,苏步青一直沉浸在悲痛之中。后来,他为妻子写了不少悼念诗词:

悼念亡妻米子三首

其一

望隔仙台碧海天,悲怀无计寄黄泉。
东西曾共万千里,苦乐相依六十年。
永记辛苦培子女,敢忘贤慧佐钻研。
嗟余垂老何为者,兀自栖栖恋教鞭。

其二

雁柱金徽寂寞寒，古筝犹在碧窗间。
十三弦上无纤指，六十年来涧玉颜。
岂不怀思春晼晚，若为寄远泪阑珊。
去年欹枕数行字，今日翻成绝笔看。

其三

依稀宵梦到庭园，草棘离披不见君。
萝屋有愁还有泪，瑶池无路更无门。
山茶剩蕊燕脂血，月季嫩芽环佩魂。
孰道鸳鸯债能了，梅花纸帐共晨昏。

端午来临，悼亡日近，因赋

暮年丧侣亦昏昏，今日端阳更忆君。
梦里有时能见面，人间无处可招魂。
弦教纤指留音韵，镜为明眸掩泪痕。
欲鼓盆歌效庄子，偏怜宝玉遁空门。

诗中没有正面出现主人公的形象，但侧面丰富的物象描绘让字里行间有一种微妙的悸动跃然纸上，读之凄然。

此外，他的《枕上感赋》更是动人：

第五章 数学王国的诗人

> 人去瑶池竟渺然,空斋长夜思绵绵。
> 一生难得相依侣,百岁原无永聚筵。
> 灯影忆曾摇白屋,泪珠沾不到黄泉。
> 明朝应摘露中蕊,插向慈祥遗像前。

这种情在腑脏内翻腾、莫名无言的思念、刻骨铭心之爱,婉转而起伏,读了让人不免落泪。

没有了妻子的陪伴,他备感孤独,但是年逾九旬的苏步青仍憧憬未来:

> 花开花落思悠悠,扬子江边忌又周。
> 对月空吟孤影恨,倩谁倾诉暮年愁。
> 尽无夜雨孩惊梦,纵有杜康难解忧。
> 百岁光阴仅余几,仍须放眼望神州。

在妻子逝世一周年时,他填过一首《江城子》,情深意切,由词牌可以想到苏轼的那首《江城子》:"十年生死两茫茫,不思量,自难忘……"

一年如比十年长,自今后,怎得将!玉骨成灰,半分送仙乡。唯有此愁分不去,朝也想,暮难忘。

迢迢畴昔渡重洋,小儿郎,正牵裳。转瞬之间,相继去茫茫。若问老夫何所似,挥尽泪,未成行。

真是情也长愁也长，一个有情有义、悼念亡妻的数学家形象跃然纸上！

苏步青的哥哥苏步皋于 1917 年考取东京高等工业学校应用化学科。1925 年学成回国后，担任过杭州造纸厂工程师、上海制药厂技师、浙江省化工厂厂长等职务。抗战胜利后，他应聘赴台湾任职，定居于台湾。他们兄弟之间感情非常深厚。苏步皋没有子嗣，苏步青便把自己的一个儿子过继给他。苏步青在台湾完成接收台北大学的工作后，返回大陆前，作了一首《大哥寄赐一律赠别依韵奉答》，表达了其依依不舍的手足之情：

琼琚西下俗尘销，还是沈郎旧瘦腰。
春暮不堪听燕语，年时未卜怕龟焦。
家园去梦仍千里，骨肉离情待一要。
后日东归联榻话，莫嗔蓬鬓两萧萧。

随着内战重启、生灵涂炭，苏步青对兄长的思念日渐加深。1948 年，他在《寄台湾大哥》一诗中表达了自己的心情和处境：

鲲南万里旧时居，横海东行正劫余。
永忆联床岁云暮，岂期弹铗食无鱼。

飘零镜里经秋鬓,点检年来未读书。
净宇回天知有日,行看下泽共驱车。

此外,他还在《游中山公园有怀大哥作(二首)》中倾吐了内心的悲愤和忧愁:

其一
两面荷花四面楼,九分残暑一分秋。
偶凭危阁孤山上,欲寄相思几字愁。
客子青春谁得再,高堂白发共生忧。
来鸿去燕年年是,问系天南何处舟。

其二
曾将西子比西湖,千古风流护大苏。
放鹤亭边无鹤放,孤山足下一山孤。
书凭鸿雁秋犹浅,路隔关河望欲无。
待得西风鲈脍美,直须相对醉千壶。

1981年9月,苏步青到厦门开会,他登鹭岛、眺金门,隔海相望,思念台湾亲人,盼望祖国统一,内心感慨万分,作七绝《初访厦门二首》:

其一
远祖逃荒后裔回，乡音不改鬓毛衰。
何当更泛鹭江艇，去探台湾旧迹来。

其二
鹭岛南来秋正浓，危台东望思无穷。
为何衣带眼前水，如隔蓬山一万重。

第二天上午，他顾不上休息，专程参观了前沿阵地。碧波荡漾的海水，大小金门的绰绰岛影，令他浮想联翩。苏步青祖籍闽南泉州，兵荒马乱的时候，祖辈逃荒来到浙江平阳。此时此刻，他来到厦门，想到在台湾还有他的骨肉同胞，胞兄苏步皋、自己的儿子苏尔滋……何年何月才能实现祖国的统一？此时，他只能与他们隔海而望，心中的忧伤再次泛起。

1982年8月，苏步青游览普陀山。他站在海滩上，极目千樯万帆，不禁思绪绵绵，"既能通大陆，曷不向台湾？骨肉无离散，鱼鸿有往还"。他对宝岛台湾的忧思日复一日，一水之隔的同胞相望而不能相聚，只能将这种思念付诸诗句。他作了一首《游普陀山》，向海峡彼岸寄去悠悠情怀：

第五章 数学王国的诗人

> 平生未礼佛,老始访名山。
> 列岛屏千翠,怒潮响万滩。
> 瀛洲初日丽,野寺晚钟闲。
> 寄语台澎友,归来风一帆。

每逢佳节倍思亲。古有苏东坡 7 年未见其弟苏辙,有感而发作《水调歌头·明月几时有》,近则有苏步青在中秋之夜也倍加思念远在台湾的亲人,写下望月怀人之作《中秋寄怀台湾诸亲友》,表达了自己的无限思念:

> 河淡星稀夜色幽,一年佳节又中秋。
> 共看明月思千里,欲御长风行九州。
> 丹桂无因栽玉宇,嫦娥何事在琼楼。
> 会当携手团圆聚,销却年来两地愁。

有一次,苏步青的老乡来拜访他,刚坐下,他就笑着拿出一张兄弟合影给对方展示,说:"看,我两兄弟又在一起了!"来人好奇地问:"什么时候你俩碰面啦?""当今的科学技术让我俩走在一起。不久前,我的照片和我哥的照片都寄到在美国定居的侄儿苏德润家,经过现代摄影师的拼凑,永远心连心了。我希望所有分居两岸的兄弟、姐妹、夫妻、父子……都能相聚一起,家家大团圆,祖国大团圆!"他坚信,祖国一定会统一,台湾一定会回到祖国

的怀抱。他的这种信念还表现在《中秋寄海峡情怀》一诗中:

骨肉无由长暌隔,山川自古本相连。
人民十亿女娲在,定补鲲南一线天。

苏步青的诗作中,不仅有对妻子、亲人的浓厚感情,他对朋友也充满了感情。"文革"时陈建功受到迫害,逝世于杭州。同样身处逆境的苏步青得到消息后,一腔悲愤和无边的思绪喷涌而出,想起曾经在日本、在杭州、在广西、在遵义湄潭的相处往事,历历在目,他一口气写下7首诗悼念亡友:

其一
噩耗传来似梦中,风前残烛与谁同。
君上"牛车"我戴笠,黄泉相见泣秋风。

其二
少年同学在东瀛,五十年间如弟兄。
一去瑶池长寂寞,无须为我传生平。

其三
学工学理走同途,遽尔凋零使我孤。

第五章 数学王国的诗人

不带花岗岩头脑,去看上帝作千夫。

其四
畴人夙志冠吾群,写就中华第一文。
五十二年成逝水,是非功过不堪论。

其五
蜀云黔雨几曾经,家国深仇血泪凝。
华表鹤归明月夜,招魂何处望湖亭。

其六
知章船马放翁诗,谈笑风生四海知。
安得一尊相寄与,桂花酒熟月明时。

其七
白云飞出武林城,湖上春寒彼岸樱。
自恐余年成散屣,怜君身后独哀荣。

粉碎"四人帮"后,年逾七旬的苏步青更加怀念陈建功,又为亡友作诗两首,寄予哀思:

其一
武林别梦鸟空啼,旧侣凋零忆酒旗。

我欲东风种桃李，于无言下自成蹊。

其二
清歌一曲出高楼，求是桥边忆旧游。
世上何人同此调，梦随烟雨落杭州。

苏步青和著名画家丰子恺先生相交颇深，两人经常诗画赠答，联袂湖山。早在20世纪30年代初，苏步青便听闻丰子恺的大名，对其十分敬佩，对其画作更是由衷喜爱。1940年，丰子恺的女儿在贵州遵义结婚，女婿恰巧是苏步青的同乡，丰子恺特地请苏步青做男方的代理主婚人。此后，苏步青与丰子恺的交情日深。抗战胜利后，丰子恺携家迁居杭州，苏步青写了一首诚恳真挚的《乞画于丰子恺先生》诗：

淡抹浓妆水与山，西湖画舫几时闲！
何当乞得高人笔，晴雨清斋坐卧看。

这首诗写好后还未寄出，苏步青便收到丰子恺主动寄赠的一幅画，画的是以遵义生活为原型的《桐油灯下读书图》。苏步青不胜喜悦，当即写一首答谢诗连同乞画诗一起寄给丰子恺，答谢诗曰：

> 半窗灯火忆黔山，欲话平生未得闲。
> 一幅先传无限意，梦中争似画中看。

丰子恺收到这两首诗后，根据"乞画诗"中"淡抹浓妆水与山，西湖画舫几时闲"一句，又送给苏步青一幅《西湖游舸图》。这回，苏步青不仅写了答谢诗，还写了一首题画诗：

> 一舸清歌认夜游，岚光塔影笔边收。
> 如何湖上月方好，柳下归来欲系舟。

在丰子恺家中的墙上，贴着一首由丰子恺手书的苏步青赠诗《夜饮子恺先生家赋赠》：

> 草草杯盘共一欢，莫因柴米话辛酸。
> 春风已绿庭前草，且耐余寒放眼看。

这首诗作于1947年春节前后，将此诗放在解放战争的时代背景上，不难看出他们对当时国民党反动统治的不满，以及对寒冬终要过去、春晖即将来临的展望。

对于苏步青和他的诗，丰子恺曾有很高的评价，他说"数学家的诗句，滋味尤为纯正""人做得好的，诗也做得好……樽前有了苏步青的诗，桌上酱鸭、酱肉、皮蛋和花生米,味同嚼蜡,唾弃不足惜了"。

新中国成立后,丰子恺与苏步青都居住在上海。苏步青经常偕妻子到丰子恺家中作客,丰子恺的"日月楼"成了他们谈天说地的场所。1956年冬,苏步青荣获中国科学院颁发的自然科学奖,丰子恺为表庆贺,送给苏步青一幅题为"种瓜得瓜,种豆得豆"的画作。

1972年12月7日,苏步青的学生、著名数学家张素诚因《数学学报》复刊之需,拜访各地数学家。到上海,他拜访了苏步青,苏步青在赠给他的《射影几何概论》(英文版)一书上,别开生面地在扉页题了一首诗:

三十年前在贵州,曾因奇异点生愁。
如今老去申江日,喜见故人争上游。

这首诗不仅打破常人的题词俗话,将师生之情和盘托出,又可看出苏步青对学生力争上游、勇敢前行的肯定与赞赏,为人师者的欣慰与喜悦不言而喻。

5. 抒豪情，咏壮志

苏步青一辈子都在和数学打交道。工作的时候，他把时间花在教书、备课和写论文上；夜晚睡觉之前，他总要把心爱的唐诗宋词拿出来读上半个小时，然后再去休息，这样，疲惫的身躯顿感轻松。

在苏家的客厅里，有两样东西最为醒目：一幅绒绣的奔马图，象征苏步青驰骋千里的雄心壮志；一盆长满刺的仙人球，寓意主人坚毅刚强的性格和高尚的情操。按照苏步青的说法，诗词写作不仅是工作劳累时休憩的一种雅兴，也是人格的投影、生命的结晶。可谓，几何寓真情，人生一卷诗。

提到苏步青的诗，有一首作于 1986 年的《颂陶小咏》曾广为世人传颂：

> 不为五斗折腰身，归去来兮词赋新。
> 篱菊曾馨三径月，桃花犹泛一溪春。
> 行文爽朗而潇洒，咏史激昂如有神。
> 倘使先生逢盛世，何须高隐作闲人。

苏步青一改陶渊明《归去来兮辞》脱离仕途、回归田园的主题，为之"赋新"，"行文爽朗而潇洒，咏史激昂如有神"，其意气喷薄而出。他曾在赠予友人的诗作中赞颂水仙花的淡泊，表达自己一生从教、两袖清风、淡泊名利、宁静致远的豁达情怀。"西湖无庙属杯难"是他思念家乡，盼望能经常在西子湖畔与亲朋好友相聚的内心写照。

咏水仙花

黄冠翠袖足清闲，淡泊生涯水石间。
南国有家归梦远，西湖无庙属杯难。
闻香晓日春何早，听雨青灯夜更寒。
我似老僧偏爱静，案头不厌两相看。

而从《松鹰图》，又可以看出他"老骥伏枥，志在千里"的豪情："你看，弯曲向上的蓬勃树干，枯裂爬满皱纹的树皮，显示出老松年代已久的不寻常经历；眈眈人间的巨鹰，随时展翅搏击风云，展现出敢与一切邪恶和不平抗争的精神风貌。"

老松枯干立雄鹰，眈眈人间若有情。
兔死狐藏山壑静，何当展翮蹴鹏程。

第五章　数学王国的诗人

>　　松鹤呈祥自足珍，巨鹰老干更精神。
>　　明朝为展凌风翼，一扫晴空万里尘。

1973年，国家还处于"文革"动乱之中，苏步青忧心忡忡，他在《悲愤》一诗写道：

>　　不眠非守夜，岁暮独兴悲。
>　　黄口把权日，白头藏拙时。
>　　涂鸦堪覆瓮，画饼得充饥？
>　　敝屣终须弃，故国安可期。

当时"四人帮"横行，弄得社会动乱、是非颠倒，知识分子被贬为"反动学术权威""牛鬼蛇神"，和"反革命"划为一类，被称为"臭老九"。"知识越多越反动"这样的谬论被公开宣扬，党和国家的事业遭受了不可估量的损失。年过七十的苏步青，在这场动乱中也未能幸免，被下放到江南造船厂和农村劳动"改造"。在这首诗中，苏步青大胆地连用"黄口""涂鸦""敝屣"等比喻，表达了他对"四人帮"的鄙视和愤慨，以及对"四人帮"必然失败、祖国安定团结的美好局面必将到来的坚定信念。

中华民族的复兴事业，是贯穿于苏步青漫长心路历程中的精神支柱。在久经忧患之后，国家进入新时期，苏步青的诗风也为之一变,在耄耋之年发出了青春焕发的音调。如"喜看神州除四害,更需鼓劲越雄关""身健未愁双鬓白,夜寒犹爱一灯明""丹心未泯创新愿,白发犹残求是辉"这类遒劲明快、昂扬奋发的诗句,在他的作品中比比皆是。身体渐趋老迈而心态却日益年轻,在苏步青诗词中所表现的这种奇妙的反差,正是他一生坚守的爱国爱民精神达到更高境界的标志。

苏步青喜欢七绝,他写的绝句也多为七绝,或咏物抒怀,或借景抒情,或即景生情。其中又以咏物居多,如《绿豆》《黄梅》《庭前黄蔷薇又放数朵》等。他在自己的庭院里培育仙人球长达10年之久,前后写过5首诗,其中一首《仙人球四度开花》曰:

一年一度发清香,朵朵依然碧玉光。
若问为何开得早,因除"四害"好还乡。

这是"四人帮"垮台后,苏步青以描写仙人球花开得早、花开得美来表达粉碎"四人帮"后的愉快心情,读来朗朗上口、轻快爽朗。

1983年2月,苏步青退居二线,担任复旦大学名誉校长。为此,他作了《退居二线后感赋二首》:

第五章 数学王国的诗人

其一
退居二线欲何为,腰脚犹轻任所之。
不上匡庐观日出,欲横东海附机飞。
天涯亲友应惊老,咫尺家山未赋归。
安得教鞭重在手,弦歌声里尽余微。

其二
故乡遥在雁山陲,久客江南忘却归。
虽未龙钟须服老,岂因虎肖便扬威。
百年心事今奚似,四化胸怀昔所稀。
只为盛时歌颂党,退居闲咏几篇诗。

诗中表达了他虽已年老但仍将继续为教育科研事业发挥余热的心情。

这一时期,苏步青有不少诗作刊于《新民晚报》《解放时报》副刊。1984年7月22日刊出《足疾住院感赋》:

终岁栖栖八二翁,居然步履欲追风。
平生游迹半天下,今日羁身一院中。
节届黄梅间晴雨,宵残远梦乱西东。
侧闻黉舍怒潮涌,改革声高彻太空。

诗后注:"八四年七月写于长海医院。"又有:

> 漫夸身健步如飞,渐觉新来力不支。
> 马枥空怀千里志,牛棚长负十年悲。
> 医生周至挥高手,护士辛勤映白衣。
> 自愧无功忝精疗,明朝归去尽余微。

1988年,苏步青想起自己1952年从浙江大学到复旦大学已有36年,突发感慨,作诗《自咏》,再次表达自己的报国之志:

> 忆昔杭申辗转秋,苍颜衰鬓旧衫裘。
> 初哼俄语常侵夜,爱读洋书不说愁。
> 半百年华光壮岁,三千学子共优游。
> 如今报国心犹在,改革光辉照白头。

他心系国家的改革开放,大有"老骥伏枥,壮心不已"的气概。"弦歌声里尽余微",晚年的苏步青回首90个春秋后写下了这首感赋:

> 五十知非识所之,今将九十欲何为。
> 丹心未泯创新愿,白发犹残求是辉。

第五章　数学王国的诗人

偶爱名山轻远屐,漫随群彦拂征衣。
战天斗地万民在,不信沧浪有钓矶。

诗中写道,创新的"丹心"愿望并未泯灭,求是的精神光辉仍在激励他拼搏奋斗。

读苏步青的诗词,不难看出他是性情中人。他爱山,爱水,爱花,爱草,世间一切美好事物都能引起他浓厚的兴味。他有许多纪游咏景之作,写得意态蓬勃、生机盎然。比如,写雁荡山的"云飞千嶂风和雨,滩响一溪夏亦秋",写江边的"曲岸忽平何处雨,初暾犹带几峰烟",写野外景色的"东风只吹绿,野涧自鸣潮",写莫干山的"风来澎湃千重浪,云下飘崩百丈滩"等。可以看出,他写自然景物喜从动态中去把握,着意表现自然界的变幻之美,这也反映了他那充满生命力的精神世界。他对自然的喜爱实际上是生活热情的一种表现,他的山河之恋实际上是祖国之恋的一种展示。因此他往往在创作中,或触景生情,或融情于景,或借景抒情,在自然风物的描绘中沉淀社会历史的内涵,吐露个人对祖国的一片深情。

苏步青好读诗,好写诗,读的诗多,写的诗豪,而且写的诗多。到20世纪80年代初期,他写的旧体诗已经有300多首,分别被编成《西居集》和《原上草集》出版发行,受到读者的好评。20世纪以来,我国文化界的名流大家常有旧体诗的创作，但数量如此之多也是少见的。

　　旧体诗在苏步青的一生中占有重要地位，让时人与后世看到数学大师与才华诗人如何天衣无缝地在苏步青身上形成身份的共洽。他为继承和发扬我国久远的诗词文脉树立了光辉的榜样，得到文学界与学术界的高度赞扬。

第六章　投身科教事业

新中国成立后，苏步青特别珍惜来之不易的教育科研环境，在微分几何领域不断探索，连给他开车的司机也十分注意，每次出车都慢速稳行，因为即使坐在汽车里，苏步青还在演算。他对自己的学生说："科学的春天来了，我为东风育桃李，为春天增添绚烂的光彩。"他兢兢业业地在讲坛上耕耘，心系事关祖国建设的中小学教育事业，他知无不言、言无不尽，把自己多年的经验分享出去，只为培育更多人才。

1. 总结高等教育实践经验

苏步青是我国近代数学的奠基者之一,他在微分几何学上取得的成就享誉全球。与此同时,他还是一位著名的教育家。在60多年的教育生涯中,他以教育事业为己任,辛勤耕耘,桃李遍天下。他在教学实践中总结出一套关于高等教育的经验,给了后人很大启示,主要有以下几点:

(1) 培养学生独立思考和创新的能力

苏步青一直强调学生应具有独立思考和创新的能力。大学生的学习方法应注重思考和理解,这不同于中学生的死记硬背。他认为教师讲课与辅导,既要使学生听懂,又要回答学生提出的各种问题,这就说明教学不是简单的讲述,而要有创造性。

苏步青指出,对于学生,教导他们学会思考和独创,不能仅停留在口头上，而应拿出具体实用的方法。"数学讨论班"这种独特的形式是陈建功和苏步青在浙江大学时首创的，一经推行便取得良好的效果，成为引导学生思考和独创的有效方法之一。具体做法是，在陈建功和苏步青的指导下，由青年教师和高年级学生组成数学讨论班，每周举行一次，成员必须介绍文献、资料，报告读书心得，宣读科研成果等，从实践中反思，继而归纳出好的方法、提出新的见解，从而培养参加者独立思考问题的能力。

在论述讨论班的多种优点时，苏步青指出："其一，教师在讨论班上可以针对每个学生的具体情况进行个别指导，经过讨论答辩，使学生的论文达到较高的水平。讨论班报告未通过者不得毕业。其二，培养学生或青年教师严谨的学风。他们必须仔细阅读书籍和文献，在阅读中如发现问题，一定要推敲到底。其三，养成独立思考的习惯。报告者在阐述自己的学习心得时，要求有独到之处，这就必须深入思考、研究。"

通过这种方法，苏步青和陈建功培养了大批数学家，国内外广泛称道的"浙大学派"就是在这一过程中逐渐形成的。直至今天，这种讨论班的教学形式仍在发挥作用，并得到不断完善和发展。

(2) 坚持教学和科研相结合

教学和科研相结合是发展新学科的重要途径，也是培养优秀人才的有效方法，苏步青几十年的教学实践有力地证明了这一点。

"要使自己的教学取得好的效果，除了教学经验的积累之外，主要是依靠科学研究，对新学科的发展加强了解。"教师的科研成果越多，教学内容就越丰富，越能激发学生学习的热情，培养出来的学生才能更加适应科学研究的需要。

在苏步青看来，浙江大学数学系和数学研究所获得教学和科研成果双丰收，离不开教学和科研相互助长，一批学有专长、造诣较深的专门人才迅速成长起来。正是由于教授们平时在教学中善于选择适当的课题，然后积极研究，才拓宽了学生们的视野，增强了他们的适应性。1974年，杨振宁从美国访问中国时，浙江大学的一批数学家与他合作，在短期内获得了规范场理论方面的一系列成果。浙江大学数学系还不断推出新课程，并大力拓展研究领域，从原来的2个方向扩展到16个方向，培养出一批优秀的学科带头人。

"强调教学与科研相结合，才能有效地提高质量，高等教育工作必须抓住这个关键"，苏步青这一论述，高度概括了教学与科研的密切关系，在发展交叉学科、边缘学科，提高教学质量方面，为现在的科学研究者指明了方向。

(3) 正确处理理论和实践的关系

理论和实践的关系应该如何处理，是教育工作者经常遇到的问题。在长期的教学实践中，苏步青深刻认识到，必须重视基础科学的研究，加强应用科学的研究，让数学在经济建设中发挥更大的作用。实践证明，基础科学与应用科学之间存在密切的联系。苏步青认为，当今科学技术飞速发展，出现了许多新学科、新技术，要研究和发展这些新科技，没有广泛而坚实的基础科学做支撑是不可能实现的。新科技的发展，必然会对基础科学提出种种新的要求，基础科学需要与时俱进，从而才能使科技实现迅速的发展。

苏步青从事基础数学的教学和研究40多年，长期的实践经验使他深刻认识到基础教学为经济建设服务的重要性。前文曾提到，"文革"期间，他被下放到江南造船厂接受"再教育"。应技术工人之邀，苏步青为他们讲授微分几何学，但技术人员却听不懂、用不上。于是，苏步青转换思路，与他们一同登上船台，了解实际需求。在研究船体放样的过程中，为了解决船舶曲线的光顺问题，他不辞辛劳地翻阅挪威、瑞典、美国等国最新的有关造船技术的著作，通过理论研究和实践摸索，最后解决了这一难题。这项科研成果，使苏步青在全国科学大会上荣获重大科技成果奖，苏步青也尝到了加强应用科学研究的"甜头"。

基础科学与应用科学研究两者相结合，使苏步青在教学思想和科学研究上迈出了一大步。他与学生刘鼎元合作，把代数曲线论中的仿射不变量方法，创造性地引入计算几何学科中。几年之后，他们在"计算机辅助船体建造系统""汽车车身外形的计算机辅助设计系统"的研究中，将这些理论和方法扩展应用到开发建筑、服装、内燃机等行业的计算机辅助设计系统中，取得了巨大成功。他们合著的《计算几何》一书，被评为全国优秀科技图书，并被翻译成英文，于1989年由美国著名的科学出版社出版。在教学上，他们顺应时机，招收了几何专业研究生，着重培养计算几何方面的人才。

苏步青认为，基础研究方面有一些课题，当时还无法直接在生产上应用，但是科学和技术是一个整体，基础科学的重要性不容置疑，随着科技水平的整体提高，基础方面的研究成果早晚会派上用场。他提议要从我国国情出发，充分发挥基础科学的作用，直接或间接地为提高经济效益做贡献。

（4）高等教育必须适合中国国情

中国的科学研究起步晚、起点低，这是中国科学研究的特殊国情，任何想要振兴中国科技的工作者都必须注意这一点，发展科技不能一蹴而就。这是苏步青的教育指导思想之一。他多次提及这一问题，并就如何创办具有中国特色的社会主义大学给出具体建议。

新中国成立后,我国高等教育体制几经变更。新中国成立初期到20世纪60年代中期,重点学习苏联,文、理、工、农严格区分,专业过度细分,学习年限也过长。"文革"期间,高等教育体制受到严重的打击和破坏,搞"开门办学",学多少算多少,学生因此缺乏基础知识的学习和技能的训练。"文革"结束后,国家重办了一大批高校,科学教育事业发展迅速,同时大专以上文化程度的人数增加不少。

苏步青认为,我国高等教育发展起伏大、曲折多,在办学体制、方针、规模等重大问题上,没有足够时间去探索符合我国国情的科学有效的办学手段,以至于培养出来的人才,无论是数量还是质量,都不能完全适应各部门、各行业的需要。要想改变这一状况,必须克服急于求成的浮躁心态,对高等学校进行整顿,调整专业设置,积累办学经验,不断改革创新,稳步前进。

苏步青认为,综合大学的理科要从纯理论中解脱出来,与工、农、医科结合,与经济实践结合,融汇管理科学、计算机科学、应用数学等与经济密切相关的学科。在注重学术理论研究的同时,必须防止理论脱离实际,否则从高校毕业的那么多博士、硕士进入社会却派不上用场,造成人才浪费。他建议开辟培养研究生的另一渠道,实行企业与学校挂钩,培养在职研究生。实践证明,苏步青这一建议行之有效,符合我国的国情。

根据国情,苏步青还认为,要调整高等教育的专业设置与学制,增加实用学科,调整基础理论和应用学科的人数比例,让更多的学生选择学习社会所需的专业。

(5)提倡文史教育,培养人文素质

苏步青认为,学习文史知识,特别是中国近代史知识,把中国的前天、昨天和今天作对比,有助于大学生了解社会发展进程,树立辩证唯物主义和历史唯物主义的世界观。只有树立了正确的世界观,才能科学地认识自身与客观世界的关系,科学地认识自己在客观世界中的地位,也才能科学地处理主观与客观、主体与客体、个人与社会、现实与未来等的相互关系,从而形成改造客观世界与主观世界的正确目标与方案,这对大学生是至关重要的。他还认为,学习近代史知识,有利于使学生明白中国旧民主主义革命为什么屡遭失败;学习中国近百年来革命志士追求真理的事迹,从而使人们坚信,只有在中国共产党的领导下,走社会主义道路,才是历史的必由之路。

近代英国科学先驱培根说过,读史使人明智。一部科学技术发展史,就是人类智能的发展史。在中国古代科学技术发展的历史中,出现过众多杰出人物,创造了不朽的科学成绩,闪烁着古人的智慧之光,为中华民族增光添彩,激励后人不断进取。苏步青说,读一点古代史,对理工科学生有效地阅读古代科学著作,以备将来从事科学技术研究,也是大有裨益的。读一点科学技术史,对于选择研究课题,掌握研究方法,也有很好的借鉴作用。

语文是学习各个学科和表达思想感情的工具。苏步青不仅是著名的数学家,文学造诣也很深。他时常结合自身经验说明学习语文的重要性:语文学得好,有较高的阅读写作水平,就有助于学好其他学科,更广泛地传播知识;学好语文对训练一个人的思维很有帮助,可以使思想更有条理,通过语文形成的形象思维对于打开思路、活跃思想也大有益处。基于此,苏步青对大学语文老师提出了希望和要求:培养青年一代学好、用好祖国的语言文字,传授语文知识和写作知识,提高写作水平。他这种思想在理工科大学中产生了深刻的影响,不仅提高了理工科学生学习语文的自觉性和积极性,也促使理工科大学对学生加强人文素质方面的教育。

(6) 注重师资培养和教材建设工作

苏步青在浙江大学任教多年,后来全国高校院系调整,他到复旦大学工作。在此期间,除了认真研究高等教育的发展方向外,他还多次参加中学的师资培养和教材建设工作。他亲自为中学的部分教师开设培训班,发表了一些如何办好高等师范院校的文章。为了了解未来教师的培养情况，他多次去师范院校访问，认真听取院校领导和教师反映的意见，并把这些意见整理出来，上报教育部门相关领导。

平时，苏步青还从中学教师、学生的来信中，了解各地院校的情况。比如：有些师范院校总想向综合大学看齐，专业设置又博又大，偏重纯理论研究，这对普通基础教育无所裨益；有的高等师范院校，并不明确如何培养教师以提高中学教育水平的问题；有些师范院校的毕业生不愿去中学教书，重点师范大学的毕业生尤其如此。在上海这样的大城市，中学数学教师的合格率偏低，无法与西方国家相比，更不用说其他城市了。这种情况亟须改变。

苏步青认为，目前师范教育存在的问题有其客观原因，但作为师范院校，要仔细研究教育理论，指导中等学校教学。教育这门学问很复杂，只凭经验不行，照搬外国的模式也不行。要探寻出一套适应我国国情的教育学来，任务很艰巨。但这项基本建设是必需的，这样才能提高中等教育的水平，反过来又促进高等教育质量的提高。当然，要想真正办好中小学教育，不能纸上谈兵，必须深入实际，了解教学需要，从内容、方法、教材建设、教学形式等方面进行系统改革。

作为学术界的名人，苏步青积极呼吁有关领导重视这一问题,并给予一线教师很多切实的指导,身体力行,做出表率。20世纪60年代初,苏步青受上海市有关部门委托,主持中学数学教材编委会。他为此参阅了德、英、法、意、日、苏等国的教材,从中摸索到一些门路。在"文革"前的6年间,他与编委会成员利用星期天和寒暑假讨论及编写教材,最终编成6册初中数学课本,在部分中学试用。1977年,上海市教育局又请苏步青主编高中理科班数学教材4册课本,不久这套教材全部出齐。

从教育一线退下来后,苏步青与有关部门领导商量,想为中学数学教师举办讲座。他说:"给教师举办讲座,目的是提高师资质量,这是提升中学教育质量的关键所在。有的中学为了追求升学率,不断增加学生的作业负担,这是不可取的。必须把正确的办法传授给老师,引导教师改进教学方法。"随后几年,他三次为中学数学教师举办培训班,使很多中学教师受益匪浅,寻得了教书育人的有效途径。

苏步青非常重视教材的编写工作,先后出版了《微分几何学》《射影曲线概论》《一般空间的微分几何学》等12部著作,都是供本科生和研究生使用的优秀教材。他编写教材,主张把最新的研究成果写进去。以《微分几何学》为例,在1931年的讲义中,苏步青就将1928年世界上的某些最新成果写入其中。以后每使用一次教材,就做一次修改，增加新的内容，反映微分几何的最新成就。著名数学家陈省身称赞这本书是"精彩的著作"，是一本少有的微分几何学教材。

(7) 培养高水平研究生

近代以来，中国人要深入研究学术，考取硕士或博士，都不得不背井离乡，远涉重洋到异国他乡去求学。多年来，苏步青心中一直有一个梦想，希望中国的大学能自己培养硕士和博士。抗战期间，他用实际行动第一次实现了自己的愿望，在浙江大学招收了一批研究生。新中国成立以后，他又指导过多名研究生。

这以后，苏步青一直关注我国研究生的培养工作，并提过不少意见，概括起来主要有以下三个方面：

第一，我国自己培养的硕士研究生，如果仅从专门的论文写作来比较，不比外国的一般水平差。但是，如果从知识的基础方面来看，我国研究生的知识面比较窄，不利于进一步培养博士研究生。比如，数学专业的研究生只懂得自己专攻的一门学科，如微分几何，而对其他学科知之甚少。可是，现代自然科学已经发展到极其广泛的范围，不但理科各门之间，而且理科与工科之间、文科与理科之间，大有走上相通的趋势。硕士研究生的培养，既要使他们具备过硬的专业素质，又要使他们掌握其他专业方面的知识，以免将来钻进牛角尖里而不能自拔。

苏步青提出建议，今后大学各系的课程可以不分专业，基础课之外要着重选读相关的专业课，而且硕士研究生必须搞应用科学的一些课题，这有利于将来毕业后更好地为现代化建设服务。

对于博士生，苏步青的要求就更严格了，不仅要求他们写出一定数量的独具创造性的论文，还要求他们具备扎实的基础科学知识，使他们有能力解决更广泛范围内的应用科学课题。博士研究生至少要掌握两门外语，既能阅读也能写作，阅读国外多种主要期刊上的科学论文和著作，要如同阅读中文一样顺畅。这样，学生一方面能从这些资料中吸收养分、丰富知识，另一方面也能对这些成果进行评价，从中找出新的课题或研究方向。

第二，我们培养的研究生，不管多么优秀，工作在何种岗位上，都必须牢牢树立为人民服务的思想。早些时候国家派出大批进修人员和研究生到国外学习，为后来者做出表率，尽管他们在国外有良好的工作环境、优厚的薪资待遇，但为了祖国的未来，这些留学人员大部分都回国了，在指导研究生方面起了很大作用。值得警惕的是，也有少数人忘记了出国学习的目的，把资产阶级的不良思想带了回来，污染青年的灵魂。研究生导师必须言传身教，使每个研究生都认识到自己在社会主义建设中的重大责任，树立全心全意为人民服务的思想，在学习和工作中，把自己的命运与民族的前途、国家的发展密切联系,与社会主义、共产主义事业密切联系,自觉发扬对社会尽责、为民尽瘁的精神。

第三,培养学生树立良好的学风。刚升学的研究生,思维、知识处在两个阶段的转型时期,起初会遇到许多困难,这时必须勤学苦练,持之以恒,严谨治学。当感到学习稍有收获,开始尝到甜头时,不要兴奋得太早,要牢记行百里者半九十的教训,攀登知识高峰绝不是一件轻松简单的事。另外,研究生还要学习马克思主义哲学和自然辩证法,避免理论脱离实际,陷入空洞的理论之中。

(8) 注重基础知识的积累

苏步青反复强调,基础的东西总难免会有些单调、缺乏变化,容易使人感到厌倦,以致产生"现在不重视它,也没有关系"的不正确想法。事实恰恰相反,今天基础打得不好,明天就会发现缺陷。他认为:"不厌其烦地反复学习,是打好学习基础的唯一方法,不要以为基本的概念很抽象,不易理解,也不要以为它很容易懂,就不去深入探究。只要我们潜心思考,慢慢品味,就会发现原来数学是一门很有趣的学科。""要把基础知识扎扎实实地学到手,就要舍得下功夫。""对学习中遇到的困难要有足够的估计,多做一些准备,不要贪眼前的快,学得太多太粗,长期下去将造成一生的慢。""求学问,从不知到知,从没有印象到有印象,而且要'印'得正确、'印'得清楚,绝不是轻而易举的,一定要经过艰巨的劳动,反复钻研和学习,才能达到这样的境界。"

苏步青把关于加强基础学习的经验传授给学生、老师,是勉励他们重视基础,对加强他们的基础知识学习起到十分重要的作用。

面对高等教育存在的基础面太窄的问题,苏步青多次指出,我们培养的人才基础知识太窄,一进校就定下专业方向,单线上升,毕业后调个专业工作就一无所知,成为学非所用……现在科学的发展,数、理、化、生各门学科互相交叉渗透,互相提出新的要求,基础窄的人派不上多大用场。规范场理论、量子化学、分子生物学等新兴学科的发展,都要求数学科研人员掌握物理、化学、生物等知识,也要求物理、化学、生物的科研人员掌握数学知识。苏步青还特别强调,要抓好基础学科的教学,使学生具有扎实的基础理论和基本技能。

苏步青还十分重视外语。在20世纪60年代,他和同事一起出国参加学术交流,他一人就充当了团长、秘书和翻译三个角色。他认为,学术离不开国际交流,外语是开展国际科学、文化交流的重要工具,对于加速四个现代化建设,使中国的学术保持国际水平有巨大的促进作用。

2. 辛勤耕耘的园丁

为了培养社会主义的建设者和接班人，苏步青对青少年的成长、教育一直关怀备至。早年间，他就把自己的理想和民族、国家的希望融合在一起，立下了为祖国的教育事业奉献毕生精力的志向。他在教育园地里辛勤耕耘60多个春秋，可谓桃李满天下。在教学岗位上，他不辞劳苦，满腔热忱，为人师表，堪称楷模。

1978年盛夏，气温高达41摄氏度，正是杭州最热的时候，苏步青应邀到杭州大学讲学。他刚到宾馆，得到消息的浙江省委和杭州大学的领导就来看望他。其中一位领导担心年事已高的苏步青这么热的天气吃不消，又赶了很长时间的路，建议他先休息一天。苏步青却风趣地说："天热我不怕，我的心比天还热！一切按计划进行，时间宝贵，不可随便浪费掉！"面对苏步青认真的态度，大家都十分感动。之后，苏步青不顾劳累，冒着炎热的天气，在杭州大学一连讲了7天课。

苏步青讲的微分几何在原有的基础上，增添了不少新的内容。教室的电风扇吹出来的风也是热的，他一边用毛巾擦汗，一边在黑板上写板书。他讲得很起劲，忘记了疲劳。学生们也被他的讲课艺术和教学热情吸引,不知不觉跟随他一起遨游在知识的海洋里。

下课后,热情的学生们将苏步青紧紧围住,问这问那。有人问道:"您身为复旦大学校长、全国人大常委会委员,夏天可以安排休假,怎么还把自己搞得那么繁忙,不觉得累吗?"

苏步青笑了笑说:"人家说我当了大官,旅游、疗养应该是家常便饭。不错,组织上有这种安排,但是我不喜欢。有一年组织叫我去庐山和北戴河,我没去。"

有个学员惊讶地问:"您为什么不去呢?"

苏步青笑着说:"一是怕玩,二是没空。全国人民都在辛勤地工作,我为什么要去那里休息呢?工作就是享受嘛……工作让我感到生活充实,工作的时候我会产生一种难以言喻的快乐和欣慰。"他接着说,"《礼记》上有一句话,小人闲居为不善。闲下来就不好。我闲不住,还有很多很多工作等着我去干呢!"

最后,苏步青殷勤地嘱咐学生们:"这次给你们上课,听完后要将意见反馈给我,以便我回去给研究生上课时改进教学,我还准备把它写成《微分几何五讲》。"

学生们听了苏步青这番真诚朴实的话,又想到苏步青讲课时一边写板书,一边做手势,汗珠不断从额头上滴下来的情景,内心久久难以平静。

这就是苏步青，一位脉搏与时代一起跳动的数学家。

1989年初春，梅花盛开，苏步青应邀回浙江大学讲学。在校园里，他主动和学生们交谈，学生们得知他就是鼎鼎大名的苏步青教授时，喜出望外，争先恐后请他签名。随和的苏步青一一予以满足，还风趣地说："50年前我在浙江大学教书，50年后，你们在浙大读书，我们是相隔三代的校友，今天老校友见新校友，大家都很高兴。你们真幸运，社会和家庭给你们提供了优越的条件，希望你们牢记竺可桢老校长的教导，勤奋学习，努力工作，攀登科学技术高峰，为祖国争光，为母校争光。"

这年深秋，苏步青应邀到浙江大学附属中学作报告，面对300多名师生，他说："我从1927年大学毕业后，做了62年教师，教到老，学到老，教育是崇高的职业。我为我是一名教师感到自豪。做老师很辛苦，学生要尊重老师，老师要为人师表，做好学生的榜样，不然就别选择教师这个职业。"他还欣然提笔为师生们题词：桃李满园春正好，风光遍地路还长。

此外，苏步青非常重视对学生进行爱国主义和理想信念教育。在几十年的教学生涯中，他言传身教，始终把对青年学生的爱国主义教育放在首位，教育学生把个人的命运和祖国的前途紧密联系在一起。他指出，一个人离不开祖国，祖国的独立和发展是一切个人存在和发展的前提。

国家兴旺,人人有责。他强调:在任何时候,都要对社会主义充满坚定的信念,对社会主义祖国报以无限热爱。

1989年10月6日,苏步青在复旦大学给学生作报告时,特别讲到学生要为国家振兴发奋学习。他说:"为振兴中华、实现四个现代化贡献自己的才能,是我们大家学习的目的。你们进入这个学校的大门,一方面要有荣誉感,同时也要有责任感,要为实现自己的理想在这里好好学习,这样出去后才能用知识和文化为国家服务!"

接着,他又说:"有的人对中国国情不了解,对西方的民主自由盲目向往。有的人甚至认为,什么都是外国的好,月亮也是外国的圆。我不一样,我是像杜甫诗中讲的,'月是故乡明'。从科学上讲,外国的、中国的月亮都一样,但从感情上讲,月是故乡的明。"话音刚落,会场里就响起了雷鸣般的掌声。

苏步青用自己的亲身经历告诉学生们:"旧中国是什么样,你们青年人不了解,没有几个人能像我一样有发言权。告诉你们,旧中国是个任凭帝国主义宰割、瓜分的半殖民地半封建的国家。周总理讲过,旧中国是块肥肉,大小列强都想咬一口。在那时,英、美、法、日、意、德、俄在中国都有租界。1919年,我到日本留学,第一次路过上海,它是半封建半殖民地的缩影。我亲眼看到,外滩公园前面挂着一块牌子,上面写着'华人与狗不得入内'。

同学们，这是在中国的土地上呀！我还亲眼看见，那时黄浦江上停泊的全是日本、英国、美国等国的军舰。我去日本，每次都从黄浦江进出，看到这个情形，真是揪心得很。"他用新旧中国的对比告诉学生们，只有学好知识、掌握本领，为国家的强大尽心尽力，中国才能逐步发展壮大，中国人才能真正扬眉吐气，中华民族才能自立于世界民族之林。

在长期的教学与管理工作中，苏步青以培养数学人才为己任，不论在什么环境下，都紧紧抓住人才培养这个根本，努力提高人才的素质。他说："不出人才誓不休，这是我一生的夙愿。"正是这种强烈的培养人才、早出人才的责任感，促使他在"四人帮"横行之时，虽然遭到诬陷迫害，但仍关心青年教师的成长，支持他们搞科研，为他们推荐发表论文。他经常说，如果你有许多学问，但是没有学生向你学，那样的学问再多又有什么用呢？他认为培养人才和科学发现同等重要，培养一个杰出人才，其成就不小于一个重大的发现。所以，他非常注重优秀人才的选拔和培养，拔一个带一批是他在实践中形成的卓有成效的人才培养方法。

在人才的使用方面，苏步青强调人才要流通，不要使优秀人才过于集中，否则他们很难发挥自己的才能。这一观点完全符合人才发展的规律和生产力发展的规律。通过流通,为人才创造一个施展才能的适当位置,使人才在新的群体中各得其所,有一个令人心情舒畅的工作环境,使长期受到压抑的某一方面潜能趁势转化为实际的才能,从而真正做到人尽其才、人尽其用。

3. 呵护幼苗成长

苏步青十分关注青少年的教育问题。他经常收到大量中小学生和老师的来信,因工作繁忙,他无法每封信都回复,但总是想办法答复一些信中提出的问题。

有一次,广东省某中学校长来信,将一篇学生的论文推荐给苏步青。苏步青阅后十分欣慰,没想到现在高中生也能写出这样优秀的论文,可见我国的教育事业已经有了长足的进步。高兴之余,他亲笔写信向北京一家杂志社作了推荐,还给该中学校长和那位学生写了回信,希望他们能够再接再厉,争取更好的成绩。

有段时间,苏步青每天都接到四川省很多小学生的来信,起初每天10多封,他还有精力一一回信,但渐渐地,来信增多,每天多达二三十封,连秘书也回复不过来了。每天的信中还有两三封是向他请教"任意角三等分""费尔马大定理"等数学问题。后经了解,原来四川省的小学教材中有一篇苏步青的文章，老师要求每个学生给苏爷爷写一封信，于是，学生的信如雪片般纷纷飞来。苏步青哭笑不得，只能嘱咐秘书采取统一回函的方法解决。

至于数学爱好者的大量来信，大多是学生没有把学习的重点放在基础知识上，而只抠"难题"。苏步青为此想出个巧妙的办法——在《人民日报》上公开答复，鼓励学生在学好基础知识的前提下再去钻研这些难题。

有一次，苏步青收到华东师范大学附中高一几名学生的来信，他们在信中结合自己的思想实际，谈了人生观的问题，这让苏步青颇有感触。苏步青写了回信，他根据学生们提的几个问题，诚恳而认真地谈了自己的看法。

经常有年轻人给苏步青来信，提出人为什么要活着、怎样做人、做一个什么样的人才是有意义的、人生的道路该怎么走等问题。苏步青认为，年轻人提出这样的问题，说明他们正在成长，世界观还没有定型，非常需要老师、家长、社会的正确引导。青少年是国家的未来、民族的希望，必须在全社会形成关心青少年健康成长的氛围，形成有利于青少年健康成长的环境。

1979年年初，一个名叫施展的12岁男孩听说苏步青的故事后，非常敬佩苏爷爷，抱着试试看的心态给苏步青写了一封信，说自己很喜欢数学，就是不知道怎样学好它。苏步青接到信后，郑重其事地给他写了回信，说"生也有涯，而学无涯"，鼓励他在老师的直接教育下，做个德、智、体全面发展的好学生。施展收到苏步青的回信后，非常激动，没想到一位大数学家、复旦大学校长竟然给自己这样一个毛孩子回信，他决心不辜负苏爷爷的期望，努力学习，做个全面发展的好学生。

刚好那时中国科技大学开办了少年班，经过对施展的当面考查，苏步青决定录取他。然而，施展不愿意以这种方式上大学，他要凭自己的综合实力进入中国科技大学。几个月后，他参加了高考，最终成绩也超过了中国科技大学数学系的录取分数线。大学毕业后他又考取法国玛丽·居里大学数学系的研究生，在这所大学读完硕士和博士，又经考试到英国伦敦大学做博士后。完成了两年博士后的学习和研究，施展回到法国玛丽·居里大学任教，并在30岁的时候获得了教授资格。

1983年年初，一个残疾青年给苏步青写了一封信，说他因为得过小儿麻痹，留下了后遗症，参加过三次高考，都没有被录取；前两次是分数不够，第三次达到了录取分数线，但因为他的残疾，还是没有被录取。他不甘心沦为平庸之才，决心当一个作家，于是写小说和剧本，可是也没有成功。他非常苦闷，感到前途渺茫。

苏步青接到信后，十分同情他，也被他渴望学习的心愿打动，于是很快给他回信。信中说：

有志气有才华的青年人,被身体上的残疾所困扰,产生苦闷是必然的,问题在于怎样正确地对待和处理这个苦闷。从你的信中可以看出,青年人在这方面就暴露出缺乏生活经验的弱点。你把上大学看作自己唯一的出路,以致在未被录取后,一直影响自学的情绪和信心,我认为这中间带有很大的盲目性。当个人的理想得不到实现的时候,就像脱缰的野马那样任性乱闯,思想上陷入一个可怕的境地,这是很不好的。

我是个老知识分子,生平遇到的困难不算少。积以往之经验,我总是鼓起勇气,树立信心,面对现实,解决困难。我以为你当前应该用自己的双手,做些力所能及的工作,或者学习一两门手艺,以摆脱生活上的困难。

字里行间,是苏步青对这个残疾青年的爱护和教导,表现了他对青年人的一片关爱之心。

对于自己家乡的教育,苏步青也从未忘怀。他经常勉励家乡的青少年要树雄心立壮志,勤奋学习,当好社会主义的接班人。1989年,带溪小学办了一份《小溪》校刊,苏步青得知后,挥笔题词:"小溪流水日粼粼,万代千秋无限春。不断跟踪勤学习,他年四化作才人。"

1984年冬,苏步青为他的母校平阳县中心小学专门写

第六章　投身科教事业

了《卧牛山谣》，长诗足有36句252个字，用楷书写在宣纸上，工整秀丽。他还为平阳一中题写了校训"尊师、重道、敬业、乐群"，8个大字金光闪闪，悬挂在教学大楼上。平阳二中、鳌江中学、腾蛟镇第一中学也都有苏步青的题词。

"科学有它无穷的未来，要攀登数学学科中的无尽高峰，需要几代、几十代以至绵延不绝的接班人。"苏步青深知这一点。因此，即使在下放"改造"期间，他仍然不顾自己的处境，对一些来信请教数学问题的青年给予热心的辅导，对他们的论文进行修改和回复。有时他还在夜里打着手电筒，摸黑到他们家里去送论文。其中一位名叫许永华的青年，在苏步青的鼓励下，研究了近世代数，他的第一篇论文被推荐在《数学学报》上发表。这篇论文的两个定理引起外国学者的兴趣和重视，国外数学家称之为"许-托曼那加定理"。从此，许永华对数学的热情被苏步青点燃了，他开始走上数学研究之路，后来成为复旦大学数学系的教授。

苏步青还专门撰文，详细阐述自己对中学数学教育的看法。文中说：

数学具有高度抽象性，而应用却十分广泛。怎样学好数学，并且使它能够为我们掌握运用，自然不是那么轻而易举的事情。如大家所知，在小学学习算术，主要是结合具体事例，从实际课题出发，达到能够正确而迅速地运算和能够直观地认识一些简单的平面图形、立体图形的要求。进入中学以后，要在小学算术的基础上对数量关系的知识作进一步的学习，要对空间形式的知识作系统学习，并且要对形与数相结合的知识进行学习。所以在中学阶段里，特别是高中阶段里学习数学的任务是比较繁重的，也非常重要。数学学得好坏，不仅关系今天能不能学好其他学科如物理、化学等，而且，更重要的是关系毕业后能不能解决生产实践中将遇到的实际问题，也关系今后在攀登科学高峰的道路上能不能接近和赶上世界先进水平。因此，在中学阶段打好数学的基础，对于把我国建设成为农业现代化、工业现代化、国防现代化和科学技术现代化的强大的社会主义国家有重大的意义。

在中学的数学课本里，一些基本的概念逐步地被引导进来，要把基本的概念了解清楚，这是学好数学的第一个步骤。如果概念还没有了解清楚，就急急忙忙地去证明定理、做习题，那是没有不碰壁的。有些同学在课堂里听了老师的讲课以后，回到家就拿起笔来做习题，这时大概对以下两类习题的演算不大会感到困难：一类是用到的基本概念已经正确理解了的习题。由于正确理解了概念，解答所配的习题就比较容易，而通过习题的演算，反过来还可以进一步明确概念以及从概念导出来的结论——定理。另一类是同课堂里老师做给大家看过的例题类似的习题。对于这类只要"依样画葫芦"的习题，即使基本的概念还没有理解清楚，也可以做出来，但是如果习题稍有更改，就会感到无从下手。像这种看来似乎能演算而实际是"描红"的情况，在今天的中学生里并不是罕见的。不少同学对数学竞赛的试题感到困难，原因不是别的，就是从来没有见过这类题目。

正确地理解数学的基本概念之所以重要，是因为它是掌握数学基础知识的前提。犹如造房屋那样，基础打得牢靠些，将来在它上面造起来的房屋就不会坍毁。因此，正确理解基本概念的好处不仅仅在于能解出几个习题。打基础的唯一方法是不厌其烦地反复学习；既不要以为基本的概念很抽象，不易理解，就干脆把它放过去，又不要以为它很容易懂，而不去深入理解。在高中学习的有些数学内容，由于以前在初中学过一点，往往就容易忽视它的重要性。没看到这些内容外表上好像和初中阶段学过的有些内容是重复的，而实际上却是螺旋式上升的。从有理数的加法发展为整式、分式的加法，又发展为函数的加法，后来在物理学里发展为力、速度（矢量）的加法，这是一个具体的例子。不要怕做这些课程的计算题，不要不耐烦。凡是基础的东西总不免有些单调，缺乏变化，容易使人感到厌倦，以致产生"现在不去重视它，也没有什么关系"的不正确想法。事实恰恰相反，今天基础打得不好，明天就会发现缺陷。

苏步青用自己在1924年当学生的时候，曾经做过一万道微积分题的例子告诉中学生："要真正学到手，只学一遍恐怕太少，一定的重复是很有必要的。有的人念书，念一遍就够了，我自己往往不是那么快。怎么办呢？那就多看、多念、多想，一直到把它弄懂为止。我过去念一本书或阅读一本论著，从来没有念一遍就让它过去的。要么不念，要念就念个透，一次、两次，多到五次、六次，每次念的时候总觉得比前一次有新的体会。这里可以看出，平常所谓'懂了'，中间还有深浅之分，甚至有'真懂'与'假懂'之分。我们对怎样才算学好了、真懂了，要有一个高的标准。多一分耕耘，就多一分收获。我们要把基础知识扎扎实实地学到手，就要舍得下功夫。""科学研究，首先是'实事求是，循序前进'，然后在这个基础上才能'齐头并进，迎头赶上'。没有基础，就没有得以进一步飞跃的土壤，那怎么能够开花结果呢？"

如此不厌其烦、循循善诱，从中可以看到苏步青殷切盼望青少年茁壮成长，成为社会主义接班人的拳拳之心。

1980年暑假，组织上安排苏步青到莫干山疗养，上海市农场局的38名中小学教师正巧也在那里游览。他们得知苏步青在这里,喜出望外,便派代表与苏步青联系,希望与他座谈,听取他对教育工作的宝贵意见。苏步青一听是中小学教师,马上爽快地答应了。在座谈中,他就怎样当好老师谈了自己的切身体会。他说:"教师的主要任务是把学生教好。我教微分几何这一门学科教了16年,都是自己编讲义,第16年的讲义比第1年的讲义的内容增加了一倍,但是书的厚度却增加不多,因为我经常删改,把老的内容去掉,增加新的成果。第1年的学生听我讲课似懂非懂、不好理解。第16年听课的学生反映听了就懂。这与教材有很大关系。教师一定要用心钻研教材,增加创造性。"

他还对老师们说:"当老师的一定要让你的学生赶上你、超过你。要是学生都超不过老师,那祖国靠谁去建设呢?我们把学生教好了,让他们到祖国各条战线上去发挥聪明才智,去创造发明,这样才能推动祖国不断前进。教师应该将自己的所有心血倾注在学生身上,让他们早日成才。"

早在1956年,作为上海市数学会理事长的苏步青就与华罗庚等多位数学大家一起,在全国率先发起中学生数学竞赛。苏步青认为,举行数学竞赛的目的,一是"有组织、有计划地在中学教师指导下,倡导热爱数学、学习数学的好风气，有利于加快我国科学事业的发展"；二是"数学竞赛也是打破常规，不拘一格选拔人才的一种有效措施"。他多年抓数学竞赛，为上海和全国发现并培养了一批尖子人才。1977年，苏步青、华罗庚等人又建议举办中学生数学竞赛，不久，数学竞赛就在全国开展起来。在20世纪70至80年代，每一次数学竞赛颁奖大会，苏步青都亲临现场，并多次发表热情洋溢的讲话。他还鼓励中学生参加国际数学奥林匹克竞赛，要像中国女排那样勇夺世界冠军。他说："你们不仅要成为数学竞赛的优胜者，而且要成为全面发展的优胜者，真正使你们这一代胜过我们老一辈。培养出来的人，数学比我们厉害还不行，你还不能超过我苏步青。要培养出来的人比我苏步青还要多，还要好，那才是胜过我……没有这一点的话，四个现代化肯定不能建成。"

苏步青关心下一代的成长进步，还体现在他对科普工作的密切关注和大力支持。在上海市少年科技站建站10周年之际，他不仅参加庆祝活动，还在同期举办的中小学生科技节闭幕典礼上发表讲话。他说："当前的经济改革需要科技人才，长远的四个现代化建设需要知识。人才也好，知识也好，不是从天上掉下来的，必须努力进行培养，而从小就进行科普教育，效果尤为显著。"1987年，上海市卢湾区瑞金二路街道巨二里委筹建科普村，打算请苏步青题写"科普村"的铭牌,但又有些忐忑,没想到苏步青满口答应写好后尽快派人送过去,这让他们既欣喜又感慨。科普村建成后,苏步青又为其揭牌,并鼓励在场的有关人员,"要坚持下去,明年一周年我再来看新发展"。一年后,他果然没有爽约,又来这里参加科普活动。

在苏步青诞辰100周年大会上,复旦大学原校长杨福家致辞时说道:"苏老十分关心科学普及,身体力行写出很多人们喜闻乐见的科普文章,如《谈谈怎样学好数学》一文就凝聚着他代表的一批老科学家对科普事业的关爱。"

1982年,已经80高龄的苏步青即将退居二线,可是他还在考虑怎样为中学数学教育做一些力所能及的事情。经过反复考虑,他向有关部门提出了开办数学讲习班的建议。第一期讲习班为期3个月。为了准备教材,他早在半年前就动笔编写,为了方便教学,他还制作了很多图表。为了检验这些教材,他还在复旦大学数学系为部分高年级学生试讲,听取学生们的意见,对讲稿进行修改和补充。

1984年,经上海市教育局、上海市科技协会、上海市数学会积极筹备,这个别具一格的讲习班终于开班了。

第一堂课,苏步青先和班上成员约法三章:不迟到,不早退,不旷课。接着,他讲到,数学尚有不少问题属于初等数学的范畴,而对它们的论证却难乎其难,不仅涉及许多高等数学的内容,还要做开拓性的研究。这类问题有平面等周问题、任意角三等分的尺规作图不可能实现、欧拉公式等。有关它们的论证，在中学教材中全无反映，高等学校也不讲授。这些"两不管"的问题长期得不到解决，教师在教学中不拓展介绍，学生也抓不住要点。

这里提到的"任意角三等分问题"，苏步青曾收到很多学生的来信，说他们从一些杂志和老师那里得知这个问题属于尚未解决的难题，他们为这个问题耗费了很多精力。苏步青复信指出：对于任意角三等分可能或不可能的理解，看来是有问题的。他在信中详细解释了这一问题的解决方法与充分条件，他劝学生不要在"三等分"上浪费精力，可谓用心良苦。

苏步青要求学员们做到"约法三章"，他自己更是严格遵守。当时他住在郊外的复旦大学宿舍区，但每次上课都提前半个小时到教室，自己动手擦黑板、挂示教图、准备投影仪。那时他的妻子已久病卧床，他每天下午得去医院陪护，但他从未影响上课。

《光明日报》报道了苏步青为中学教师举办讲习班的事迹，还特别加了"编者按"：

"苏步青教授是大家熟知的数学家。半个世纪以来，他为祖国培养出了几代专门人才，桃李满天下。如今这位老教育家再执教鞭，亲自为中学教师讲课，为培养更多高水平的教师做出了宝贵的贡献。他的精神风貌，令人高山仰止。

"现在，提高教育质量已成为全国人民关心的一件大事。千千万万的老教师正在为此献出'余热'，苏步青是他们当中的突出代表。他提出，希望能有更多的大学老师为培养中学教师做有益的工作，是应该得到响应，能够很快实现的。希望各级教育行政部门为此多做些组织工作，倡导更多的大学教师及退休中学教师参与到这一事业中来。"

报道刊出的第二天，《人民日报》全文转载，并写了"编余短论"——《不遗余力》。短论写道："'安得教鞭重在手，弦歌声里尽余微。'八十三岁高龄的苏步青教授退居二线之后，即以其高才博学，培训中学教师，为了人民的教育事业，真可谓不遗余力。献身教育，要不遗余力；支援教育，也要不遗余力。希望大家都来学习苏步青教授。"之后，《香港商报》全文转载了《光明日报》的报道。

1985年1月2日，全国人大常委会确定每年9月10日为教师节，这对于进一步提高人民教师的政治地位和社会地位，逐步使教师的工作真正成为社会上最受人尊重、最值得羡慕的职业之一，形成尊师重教、尊重知识、尊重人才的社会风气具有重要意义。这一天，苏步青欣然提笔为《老师，您好》一书写了代序。他在序中说："教师是国家之宝,他们把自己的智慧、自己的知识无私地献给了社会,献给了未来的主人,为社会创造的财富是无法估计的。教师们应该受到全社会的尊敬。每一个社会成员,每一个学子都应该对老师心怀感激。"

晚年的苏步青尽管年事已高,但他仍抱着为祖国、为人民"尽罄余微"的愿望,用自己的实际行动呵护下一代的成长。

4. 为科教事业献计献策

早在1949年6月9日,苏步青曾应邀参加中华全国自然科学工作者代表会议筹备会,和全国著名的科学家在中南海怀仁堂欢聚一堂,为发展新中国的科教事业出谋划策。周恩来总理接见了他们,并和科学家们共商科教发展大计。那天夜里,苏步青翻来覆去睡不着,心里一直有个声音:"终于把科学的春天盼来了!等候多年的日子终于到来了!"他思绪万千:中国从来都不缺做科学研究的人才,缺的是科学研究的条件与环境,缺的是政府的重视。黑暗终于过去,曙光已经来临,祖国的科教事业必将迎来发展的春天。

1954年12月,苏步青当选为第二届全国政协委员。

第六章 投身科教事业

之后,他又当选为第二、第三、第五、第六、第七届全国人大代表,第五、第六届全国人大常委会委员,民盟中央副主席,民盟中央参议委员会主任委员。

1977年8月,苏步青接到中共中央的邀请,和其他32位科学家以及教育部门负责人,一起参加了科学和教育工作座谈会。当时刚复职的中共中央副主席、国务院副总理邓小平亲自主持会议,倾听他们的发言,对大家说:"我们国家要赶上世界先进水平,从何着手呢?首先要从科学和教育入手。我听听大家的意见,向大家学习,外行管内行,总得要学才行。现在请大家发言。"

苏步青第一个发言,他着重谈了科技队伍的建设问题,提出要推翻教育战线的"两个估计",实事求是地估计教育战线的成绩和知识分子的现状。对于苏步青的意见,邓小平表示赞许,同时也鲜明地亮出自己的观点:"对全国教育战线17年(新中国成立后17年)的工作怎么估计?我看,主导方面是'红线'。应当肯定,17年中,绝大多数知识分子,不管是科学工作者还是教育工作者……取得了很大成绩……如果对17年不作这样的估计,就无法解释我们取得的一切成就了。"

有了邓小平的支持,苏步青更有勇气了,他滔滔不绝,恨不得把埋在心底多年的话都倾吐出来。他谈到当时存在的一个突出问题,即搞科研缺少25—35岁的人才,这个年龄段的人员是空白。老的很老了,40—50岁的人还有一些，也不多了。搞基础理论要靠青年。二三十岁搞不上去，年纪大了就更不行。为了解决科研人员的来源，苏步青认为，国家要选拔优秀的青年，并采取得力措施进行培养。他谈到，在"四人帮"横行的日子里，他收到过60多位青年数学爱好者寄来的论文，其中不乏数学人才，希望可以从中选拔一部分作为研究生来培养。

听了苏步青的话，邓小平马上对身边的教育部负责人说："你通知这几十位青年，让他们到苏步青同志那里考研究生，来回路费由国家负担。"

苏步青接着谈到复旦大学数学系研究所过去的18个科研骨干，至今仍有16人未归队，希望复旦大学数学系的"十八罗汉"能够再次相聚。邓小平又对教育部负责人说："叫他们统统回来。"

苏步青又谈到复旦大学有一个中年教师研究抽象代数，已写了20多万字的论文，按现在的出版速度，到1990年也出不来。邓小平插话说："学术刊物要办起来。要解决科研、教育方面的出版印刷问题，并把它列入国家计划。"还说，"有价值的学术论文、刊物一定要保证印刷出版。现在有的著作按目前的出版情况，要许多年才能印出来，这样就把自己捆死了。"他还对苏步青说，你们要做"教师的教师"。

从8月4日开始，科学家们与邓小平连续畅谈了4天，中午只有短暂的休息时间，直到晚上华灯齐放才离开。座谈会结束时,邓小平作了总结发言,他说:"有人建议,对改了行的,如果有水平、有培养前途,可以设法收一批回来。这个意见很好。"

对于苏步青来说,这几天无疑是他人生中最畅快的日子,他多年的心愿似乎很快就要实现。他想,只要自己的愿望能实现,再吃点苦又算得了什么呢?那一刻,他似乎听到了科学和教育的春天正在向他走来的脚步声。

他开始着手重建数学研究所、招收研究生和恢复数学讨论班。数学研究所的原"十八罗汉"在苏步青的号召下,很快回来了一批。粉碎"四人帮"后,复旦大学的第一批数学研究生也直接从苏步青推荐的那些青年中产生,其中有两人后来还取得了博士学位。

1977年10月,苏步青以民盟上海市委副主任的身份,主持上海民盟的工作。1978年3月,他当选第五届全国人民代表大会代表、常务委员会委员,4月任复旦大学校长。繁忙的公务使苏步青难得有空闲时间,但他坚持为研究生上课。

1982年2月,年近八旬的苏步青辞去复旦大学校长的职务。不久,国务院任命他为复旦大学名誉校长。1983年6月,苏步青当选第六届全国人民代表大会代表、常务委员会委员;同年12月,当选民盟中央副主席。1988年4月,苏步青重返全国政协,当选第七届全国政协副主席;10月,当选民盟中央参议委员会主任。

苏步青参政议政向来十分积极，反映问题、发表意见十分尖锐。他在接受记者采访时谈到教育经费的问题，说："我们国家人口多、底子薄，一下子不可能给教育拿出很多钱，这个大家能理解。现在的问题是，教育经费在国民总产值（国民总收入）中的比例要保证。就像一块蛋糕，蛋糕大了，教育多得一点儿；蛋糕小了，教育少得一点儿，这个好理解。问题是现在蛋糕小了，不按百分比分，有些部门照样得到一大块，而教育却被挤占了，今年又要压缩，这怎么行？"他引证材料说，"从1980年到1985年，世界各国平均的教育经费占国民总产值（国民总收入）的比例是3.3%，而我国只有2.6%，低于世界平均水平。……希望从上到下进一步认识到教育的重要性，该给教育的钱一分也不能省。"他又说，"如今物价涨得厉害，教师工资只增加那么一些，解决不了什么问题。若是让教师总为菜篮子、房子和孩子忙碌，他们也不可能一心一意地做教育方面的工作。如今的情况是，小学教师安不下心，师范院校招生也很不容易，人们都不愿意做教师的工作。这是一个不小的问题，比工农业减产问题还要大，比天灾问题还要大。希望政府能够采取措施，不能让教师空欢喜。"

苏步青每次参加政协会议都踊跃发言，重点讲教育方面存在的问题，再就是讲科技工作，他坦诚地将自己数十年的思考说出来跟大家交流，脚踏实地做好参政议政工作。在一次政协会议上讨论教育改革时，他又是第一个发言，尖锐地指出:"我们的教学科研,范围太窄,基础太窄,急于求成,专业分得过早过细,学经济的不懂数学,学数学的不懂经济,这怎么行?现在搞科研需要多方面的知识,不但自然科学同社会科学分不开,就是每门自然科学之间也是互相渗透。因此,我们的大学教育应当把学生的知识面拓宽一些,大学一二年级不建议分专业,到三四年级再说。四个现代化建设需要我们对教育的体制、内容抓紧进行改革调整,希望有关部门通盘考虑。"

苏步青有一首抒怀诗:"十载明堂鬓已秋,如今更上协商楼。老为民仆寻常事,尽罄余微方得休。"这首诗表达了他在晚年进入政协,希望为国家奉献余年、为民谋事的愿望。

鉴于苏步青对数学和数学教育的杰出贡献,有关国际和国内组织以苏步青的名字设立了"ICIAM 苏步青奖""苏步青应用数学奖""苏步青数学教育奖"。

"ICIAM 苏步青奖"是在 2003 年 7 月于澳大利亚悉尼召开的国际工业与应用数学联合会理事会年会上,由中国工业与应用数学学会(CSIAM)提议设立的一个国际性数学大奖,旨在奖励在数学领域对经济腾飞和人类发展的应用方面做出杰出贡献的个人,每 4 年颁发一次。

"苏步青应用数学奖"由中国工业与应用数学学会设立,旨在奖励在数学对经济、科技及社会发展的应用方面做出杰出贡献的工业与应用数学工作者,鼓励和促进中国工业与应用数学工作的发展。

"苏步青数学教育奖"是在教育部的支持下,为纪念表彰苏步青对我国数学教育事业的贡献,激励广大数学教育工作者继承发扬苏步青的崇高精神,提高数学教育质量、促进基础教育事业的发展而设立的,是国内第一个奖励从事中学数学教育工作者的奖项,也是我国中学数学教育界的最高奖项,在全国中学数学教育工作者中享有盛誉。

这几个奖项都继承了苏步青对我国数学教育的丹心热肠,它们沿着苏步青全力推进中国数学教育的足迹,为鼓励我国数学人才、发展我国数学研究事业不懈努力。从某种程度上说,它们是苏步青"尽罄余微"精神的延续。

第七章　知识分子的楷模

　　苏步青一生光明磊落，谦虚谨慎，简朴务实，他对祖国的社会主义建设事业无比忠诚，积极参政议政，献言献策，表现出高度的爱国热情和社会责任感。他高尚的道德风范、无私的奉献精神和卓越的成就，是后辈永远的楷模和榜样。

1. 党员典范

苏步青于1959年加入中国共产党,从此,他既是一位著名的数学家,也是一名忠于党的事业、有极强组织观念的党员干部,他从未忘记自己这一身份,时时用党员干部的标准严格要求自己。

他年近八旬时,身兼25个社会职务,工作十分繁忙,可是他总是主动、按时参加党的组织生活。每到星期四,他就向相关同志询问星期五的组织活动内容,以便提前安排其他工作,按时参加。有时上午开会或参加一些社会活动回来较晚,他中午顾不上休息,就赶去参加下午的组织活动。

有人劝他:你年纪不小了,是知名教授,是党员专家,不用次次都参加组织活动。苏步青却说:"党员专家,首先是党员,其次才是专家,在我们党内没有特殊的党员。"

第七章 知识分子的楷模

他在支部会上表示,自己是个党员,又是校长,要经常给自己敲警钟,决不能有特权。有一次,他的女儿来看他,离开上海要到码头坐船,一时叫不到出租汽车,便从学校安排了一辆车送,事后他马上支付车费。平时写信,只要信里提到私事,他都是按私人信件处理,自己买邮票投寄。

苏步青十分关心青年学生政治上的成长进步,校党委给他安排讲党课,他就一丝不苟地做准备。他还为学校团干部作报告,教导青年要热爱社会主义,加强共产主义道德修养。

粉碎"四人帮"后,苏步青重新参加了"文革"期间一度中断的组织生活。1977年9月22日,接到通知的他欣喜若狂,挥笔写下了《恢复组织生活感赋》:

喜讯传来庆再生,依稀听得导师声。
年年心浪翻红雨,日日思潮望玉京。
岂为高明遭鬼瞰,毋因包袱碍轻装。
此身到老属于党,二次长征新起程。

苏步青经历了新旧两个社会,新旧对比使他对社会主义的信念更加坚定,对党无比忠诚。他在执教60周年纪念会上的发言,充分表达了他对党的深刻认识及对党的教育事业的一片赤诚。

今天在这里为我举行这么一个盛会，使我感到无比兴奋、无比激动。对于领导的关怀、同志们的鼓励和鞭策，我表示由衷的感谢！

回顾60年来的教学生涯，时间不算短，走过不平坦的道路，大致分为三个阶段：

1927年，大革命失败了，当时我刚从日本东北帝国大学数学系毕业，被母校录取做研究生，而国内发不出公费。母校教授会主席林鹤一推荐我为数学系兼任讲师，教育对象是中学抽来的数学教师，我担任的一门课是高等代数。这是第一次教学，一直持续到1931年我获得博士学位回国为止，总共教了4年书。

第二阶段是从1931年3月到浙江大学担任数学系副教授，到1952年院系调整为止的21年，中间还夹着抗日战争。其间从数学系仅培养出106位毕业生，绝大部分当中学教师。建国（新中国成立）以来，在大专院校当数学系主任和各研究所里当所长、副所长的却有二三十人之多，可以说是茅屋里飞出了金凤凰。

第三阶段就是1952年调整到复旦以后的35年，从数学系、数学（研究）所出来的人才就多了。由此可见，没有中国共产党，就没有新中国的教育，只有社会主义能够教育救国。关于这一点，我们必须用自己切身的体会教育青年一代。我们教师必须教书育人，身教言教，为"四化"建设多出人才。

第七章 知识分子的楷模

光阴如箭,岁月如流,不知不觉地当了60年的教书匠。活到老,教到老,还要学到老。自从1983年春节退居二线以来,我确实感到精力衰退了,上不了教学、科研第一线了。但是觉得肚子里还有一点可用的东西,不应该和骨灰化为尘埃。因此,三年前我自告奋勇给上海部分中学教师办培训班,已开过两届。第三届预备在今年11月份开始。虽然不能说有什么大效果,总是聊胜于无吧。

1991年七一前夕,苏步青在《人民日报》撰文,再一次表达了"此身到老属于党"的决心,告诫自己要像周恩来同志那样,活到老,学到老,继续为人民服务,"尽罄余微方得休"。

1998年10月,苏步青获得何梁何利基金科学与技术成就奖,他将100万港元的奖金全部捐献给教育事业。其中50万港元充实原有的苏步青数学教育奖,剩下50万港元在复旦大学数学研究所、数学系内设"苏步青奖",奖励优秀青年教师和优秀应届本科毕业生。他说:"我是党的儿子,所有这些都是我一个共产党员的心愿,希望国家的教育能搞得更好,为'四化'建设培养出更多的优秀人才。"

2. 杰出的民盟领导人

苏步青与民盟有50多年的渊源。1951年,他在杭州加入民盟,1952年调到上海复旦大学后,又担任民盟上海高教委员会负责人。在上海期间,为宣传党的教育方针,推动高教民盟工作的开展,他的足迹遍及上海各个高等院校。从1956年起,他先后担任第二、第三届民盟上海市委员会副主任委员,为上海民盟的发展做出了贡献。

1977年10月,苏步青主持上海民盟的工作。当时民盟正处于恢复阶段,百废待兴,举步维艰。苏步青以其崇高威望,为上海民盟恢复活动、重现活力发挥了不可或缺的作用。1979年,苏步青当选中国民主同盟中央委员会副主席,连续担任了两届。1987年,他担任新设立的民盟中央参议委员会主任,肩负起组织民盟内老同志继续参政议政、为民盟发展献计献策的重任。在1997年召开的民盟第八次全国代表大会上,他被推选为民盟中央名誉主席。

在苏步青百岁诞辰庆贺会上,民盟中央副主席江景波发表讲话说:"我们今天在这里聚会,除了要表达对苏步青同志的敬意外,更重要的是要在苏老的人生轨迹上,找到我们要继承发扬的优秀品质。我们要学习他热爱祖国,献身科学、教育和社会事业的崇高品德;学习他作为学者严谨、科学的态度；学习他作为教育家热情负责地培育新人、提携后人的奉献精神；学习他作为民主党派杰出领导人对党的信任，对革命事业的忠诚，对党的统战工作所表现出来的高度责任感。苏老的这些高尚品质，作为老一辈民主党派领导人开创的优良传统和作风的一部分，一定会在新时期民主党派的工作中得到发扬光大。"

时任中共中央统战部常务副部长刘延东对苏步青作过这样的评价："苏步青同志是中国共产党久经考验的亲密朋友，几十年来他始终与中国共产党风雨同舟，肝胆相照，荣辱与共，亲密合作。在政治上与党中央保持一致，在行动上自觉地服从与服务于大局，表现出高度的政治热情和社会责任感。"

作为民盟德高望重的领导人，苏步青团结广大民盟成员所联系的知识分子，围绕中心，服务大局，积极参政议政，献计献策，为经济发展、社会进步，特别是科教兴国战略，提出了很多有益的意见和建议，有些意见、建议得到了党中央和国务院领导的重视。在与中国共产党长期的合作共事中，他和中国共产党以毛泽东、邓小平、江泽民为核心的三代领导集体结下了深厚的友谊。他知无不言，言无不尽，以自己的政治见解赢得了大家的尊重。他还充分发挥自己联系广泛的优势，在对外联系和交往中，积极宣传党的方针政策，传播中华民族优秀文化，促进中国外交事业的发展。

1987年，为推动民盟的领导人新老交替，苏步青主动让贤，充分体现了一个政务活动家的宽广胸怀和为人民事业奉献的高风亮节。他虽然年事已高，却壮心不已，在病榻上仍然关心国家大事，关注改革开放和社会主义现代化建设的进程。2001年元旦，他在病榻上书写《世纪感言》，展望新世纪，希望祖国更加强大。在中国共产党成立80周年之际，他又撰写了党的三代领导人对他的关怀的文章，表达了他为党为民献身的高尚情怀，令人感动和敬佩。

民盟中央原副主席吴修平回忆说："1991年，精选了苏老诗文著述的《苏步青文选》出版。我很快就得到了苏老的签名赠书。作为一个90岁的老人，作为一个德高望重的民盟前辈，他是这样友好、这样用心地对待我这个晚辈，确实使我非常感动。从苏老赠书的美意，到我拜读这部大书时对苏老思想和文采的领悟，都进一步增加了我对民盟前辈的崇敬心情。"

1987年，苏步青从民盟中央副主席的位置上退下来后，主持参议委员会的工作。在民盟中央参议委员会第一次全体会议上，他表达自己的心情，说："我为能有机会为民盟继续贡献力量感到无比荣幸……我们人老心不老，民盟的同志又这样信任我们，而我们自己也有参政议事的愿望，我想，这也是一个很好的机会。我们要珍惜这样一个机会，尽自己的努力，进一步为民盟中央领导机构新老合作和交替做力所能及的工作。"这段话充分表现出他鞠躬尽瘁、死而后已的奉献精神。

第七章 知识分子的楷模

3. 严谨较真的惜时老人

苏步青的严格、认真是出了名的,他身边的工作人员对此都有切身体会。

有一次,《人民画报》的记者采访苏步青,拍完照片后,记者请学校写一篇文章配发。苏步青把这件事交给秘书去办。秘书一连写了三篇,都被苏步青退了回来。后经反复修改,直至文字达到简洁精炼的要求,苏步青才同意发稿。

还有一次,有家报社请苏步青写一首诗刊登在该报上。由于报社催得急,他写完后就马上寄了出去,但是心里总觉得不踏实。晚上睡觉时,他躺在床上还在琢磨,感觉里面有一句不太妥当,于是连夜修改好,第二天一大早就急急忙忙赶到邮局,把修改后的稿子寄给报社,并要求报社把之前的诗稿寄回来。

秘书都知道,以苏步青的名义发表文稿一定要慎之又慎,整理好后不论时间多么紧急,一定要让苏步青亲自审阅。而苏步青也总是要看两三遍才能过关,就连一个错别字、一个标点符号都不放过。有的出版社约请苏步青为他们出版的图书作序,苏步青对这种事更是谨慎小心,没有看过的书稿,绝不答应作序,书稿质量不高也不作序。他说:"给要出版的书稿作序,是一件非常慎重的事情。有的出版社就是拿名人来做广告,书稿的内容不行,甚至很糟,却要人说它许多好话,还讲它是读者的良师益友,这不是在坑害读者吗?"

在科研方面,不管在什么境况下,即便是"文革"时期,苏步青也总是以严肃的态度对待。他严谨的工作作风,不仅表现在教学和科研上,也表现在最平常的写字上。他从小就养成了一笔一画、工工整整写字的习惯。至今他保留下来的笔记都被装订成册,厚厚的一叠,足有300多万字。看过他笔记的人都夸奖说,简直像誊印社刻印出来的。

苏步青这种严谨的作风深受学生们的钦佩,也让与他一起工作的同事觉得特别踏实。

他还有一个特点,就是时间观念非常强,对于不守时的行为绝不容忍,甚至会发怒。有一次,秘书陪他去市里开会,结果约定的时间到了,还不见秘书的身影,他就叫司机开车走了,坚决不等。事后他问秘书为什么迟到,秘书说路上遇到一个老朋友,多说了几句话,所以晚到两分钟。苏步青虽然没有说什么,但是这件事给秘书的教训很深,秘书以后再也不敢迟到了。

1978年8月20日,百年未有的暴风雨袭击了上海。复旦大学校园内水深过膝,当天正是数学讨论班活动的日子,这一次将由一位青年教师作报告。苏步青已经答应前去参加,但屋外狂风暴雨,家人担心他的安危,都劝他不要去。苏步青说:"约好的时间,怎么能随便不去呢?"他卷起裤腿,撑起雨伞,深一脚浅一脚地向学校教学楼走去。

讨论班的师生们都觉得,这么恶劣的天气,苏教授应该不会来了。可是,刚到七点半,这位浑身湿漉漉的老教授便出现在教室门口。大家都惊讶不已,纷纷劝他先休息一下,他却笑着摆摆手,坐下来抹了一把脸上的雨水,喘了一口气说:"开始吧!"

关于守时,苏步青曾对人说:"我要求记者、学生准时到会,自己首先要准时。随着年龄的增长,害怕迟到的心理越发严重,有时参加一项活动,往往要提前一刻钟甚至半小时抵达。秘书、警卫安排的时间都很紧,我生怕迟到,甚至说赶不上要他们负责,弄得他们只好一再提前,后来想起来,觉得有些过分了。"其严谨、认真、一丝不苟的作风可见一斑。

俗话说"一寸光阴一寸金",苏步青把时间看得比金子还宝贵,对时间的珍惜可谓到了苛刻的程度。他把整段的时间比作"整匹布",把零碎的时间比作"零布头"。要完成大的项目就用"整匹布",而对"零布头",他也不舍得浪费,总是见缝插针,充分利用,积少成多,也做成了不少事情。

1980年暑假,学校安排他到莫干山疗养3周。以往他对旅游、疗养一类的事情兴趣不大,许多知名景区如北戴河、黄山都没有去过。但是这一次,他特别高兴,因为组织上送给他一"整匹布",他手头正好有一部重要书稿没有时间完成。在莫干山的 3 周时间里,他几乎都在写作《仿射微分几何》,这本书最难写的几章就是在莫干山完成的。

对于"零布头"的利用,苏步青颇有心得。粉碎"四人帮"后,他又回到了讲台上,这让他非常兴奋。十年动乱使他损失了不少时间,现在他抱着要把损失的时间夺回来的心情去工作。1978 年夏天,他去杭州讲学。在火炉一般闷热的杭州,他用新写的讲稿讲学 7 天,回到上海后,他一边给研究生上课,一边整理讲稿,《微分几何五讲》就是这样一章一章写成的。1979 年,这本书由上海科技出版社出版;第二年,新加坡世界科学出版社又将其译成英文出版。"零布头"在苏步青手里做成了"正装"。

珍惜时间,充分利用时间,对苏步青已经成了一种习惯。除了担任复旦大学校长,他还担任不少社会职务,出差、开会占去不少时间,这使他更加重视对"零布头"的利用。比如到外地开会,早晚时间、休会时间、会议机动时间等,都是他利用的"零布头"。有一次,苏步青到上海展览中心开会,上午 10 点多休会,下午 3 点再换地方接着开,他一算时间,中间有将近五个小时,在那里坐等吃饭,浪费休息时间实在可惜,就对秘书说回去还可以干两个小时。秘书说饭票已经准备好,若来回跑恐怕无法保证休息,但他还是坚持回去。

第七章 知识分子的楷模

苏步青对学生严,对教师严,对子女严,对自己尤其严,事事都是"严"字当头。一旦发现懒惰、懈怠的学生、教师,他总是严厉批评。

1990年,苏步青应邀为《竺可桢诞辰一百周年纪念文集》写序言。初稿平铺直叙,他反复推敲,感觉十分平淡,缺乏文采,决定重写。重写时,他运用了一些修辞手法,如原来开头有段话:"人的一生确是短暂的、有限的,但一生中,为国家、为人民献身于科学、教育事业,这一光辉业绩则是永久的、深远的,将永远留在人民心中。竺可桢先生就是这样一位故人。"他把原来的"永久"改为"永恒","深远"改为"无限","一位故人"改为"一位伟大人物"。这样一改,语言似乎更加规范化,也增添了文采。但他觉得序言原稿的末尾似有突然刹车之感,言犹未尽。于是,他又仔细阅读了一遍,从文章结构入手,增加了一段话:"《文集》的问世,无疑对推动今后的教育改革和发展将起到巨大的作用。我怀着对竺老深切缅怀、万分崇敬的心情,回忆往事,勉草此序,聊以表达景仰之情于万一云耳。颂曰:'教育立国,患难兴邦。先生之德,万古流芳。'"经过苏步青的精心修改,序言虽然只有短短百字,却淋漓尽致地表达了他对竺可桢的崇敬缅怀之情,从中也看出他那严谨认真的工作态度。

1995年12月14日,为了请苏步青为平阳县中心小学的师生题词写条幅,原平阳县教委副主任张文和县小校长王德平前往上海衡山宾馆拜访苏步青,说明来意,索求墨宝。面对母校的校长与县教委领导,苏步青十分谦虚地问他们:"写什么好?"张文和王德平将苏步青在书中写过的"攀高贵在少年时,为学应须毕生力"及"愿孩子们都变得更加聪明"两句话找出来,请他写。苏步青看了一下,高兴地说:"这一对好。"但他想了想,又说:"这个'须'字应改为'竭'字更确切些,你们看好不好?"接着,他一边把另一句话中的"变"字圈掉,改为"学"字,一边说:"孩子只要肯学,都会聪明起来的。"听苏步青这样一说,几位在场的人都连声说好,觉得改得好、改得妙、改出了深意,同时也为苏步青这种认真严谨的精神所感动。

4. 胸怀博大的宗师

在一篇鼓励学生的短文中,苏步青写道:"青出于蓝而胜于蓝,这是科学发展的规律。我们老年科学家应该以培养出超越自己的学生为目标,并以此为自豪,这样才可以让我们的学术在国际上产生更加重大的影响。""我们不必为学生超过自己而感到羞愧难受,相反地,应把它看作是对四化建设的一种贡献。"他在《光明日报》"每周评论"专栏中关于"培养学生一代超过一代"的文章,得到教育界广泛而一致的肯定,引起了极大反响,被称为"苏步青效应"。

第七章 知识分子的楷模

苏步青在总结培养优秀人才的经验时，归纳出这样三条："一是不要挡住他们的成才之路，要让他们超过自己继续前进；二是自己决不能一劳永逸，还要抓紧学习和研究，用自己的行动在背后赶他们、推他们一把，使中青年人戒骄戒躁，勇往直前；三是鼓励他们尽快赶上自己。"正是在这种思想的指导下，苏步青对学生严格要求，努力使他们德才兼备，鼓励他们一代超过一代。

苏步青认为，"教育的根本目的在于为国家培养德、智、体、美全面发展的'四有'人才"。一个老师辛苦了一辈子，如果培养出不合格的人才，那么他就不是一个合格的老师。有的学生把大学4年的教育当作出国留学的跳板，那就与受教育的根本目的背道而驰。教师必须"教书育人"，关心学生的全面发展。

20世纪60年代，苏步青曾在学生毕业典礼上作报告，畅谈无产阶级的幸福观，鼓励他们响应党的号召，到祖国建设最需要的地方去。20世纪80年代，他又经常以亲身经历教导学生热爱社会主义祖国。每当出差到外地的高等院校，他都会鼓励、教导学生树立为人民服务的价值观。有的学生给他写信，探讨人生的真谛，他总是耐心教导，在回信中帮助他们解除思想苦闷，坚定社会主义信念，为振兴中华而发奋学习。

对于学生出国留学，苏步青并不反对，但他强调"我们生于此长于此，祖国是母亲，我们得用心去爱她"。他认为，我们也需要进行国际学术交流，出国留学是为了学到更先进的技术、更多的知识，然后回来报效祖国。在政治上、业务上，苏步青对学生的要求同样非常严格，一丝不苟。对于拔尖的学生，苏步青往往给予他们与其能力相当的特别培养，"拔一个，带一批"，这是他的主要经验，也成为众多教师培养学生的途径。

苏步青在培养人才方面所做的贡献表明，他这种"一代超过一代"的教育观点收到了良好的效果。从1931—1952年的21年间，他在浙江大学培养了106名毕业生，其中有30人在新中国成立后担任大学数学系主任、数学研究所所长。他的学生学习、运用和发展他的经验，培养出新一代硕士、博士，他们开枝散叶，为祖国的"四化"建设事业贡献个人力量。几十年之后，苏步青的很多学生都还记得老师对他们严格要求的一个个事例，谈到苏步青的严格，他们的感激之情溢于言表。

作为著名的教育家，苏步青培养学生有其独特的方法——"鸡孵鸭"。这是一种非常形象的比喻，具有十分科学的哲理意味。"鸡孵鸭"是指培养学生独立思考的能力，使其具备勇于开拓、敢于超越老师的勇气，以达到青出于蓝而胜于蓝的境地。"鸡孵鸭"的可贵、新颖之处，在于"鸡"孵出的是"鸭"而不是"鸡"，如果"鸡"孵出"鸡"，那就是依样画葫芦，毫无创新突破可言。苏步青教学的目的，是希望"鸡"孵出"鸭"来，激发新思维,产生新品种,创造新发明。

执教之初,苏步青就十分注重运用"鸡孵鸭"的方法来培养学生。在浙江大学时,他非常看重谷超豪,对其进行严格的训练。他为谷超豪提供各种学习参考资料,鼓励其独立思考,提出自己的新见解。谷超豪才思敏捷,敢作敢为,他最初着手钻研的是微分几何,后来进入偏微分方程、规范场理论等领域的研究。他接受苏步青的教诲,敢于研究别人不敢研究的领域,解决别人解决不了的问题,最终获得成功。后来,谷超豪也采用苏步青的"鸡孵鸭"方法来指导自己的学生,于是就有了李大潜的偏微分方程与控制论的研究、俞文鮆的偏微分方程与运筹学的研究、洪家兴的混合型方程研究等。回顾自己的成才过程,谷超豪说:"除了自身的努力,我的求学之路归根结底来自苏教授的严格训练和创新的鼓舞,使我有了一个很好的根底,使我的进取心越来越强。"

苏步青在学术上的成就远远超过了自己的老师,但他知道自己的所有成就都离不开老师的教诲。他同样也鼓励学生超越自己。在他看来,学生只有超越老师,才算是真正的学有所成,而老师只有教出超越自我的学生,才算真正实现教育的目的。为此,苏步青对学生的要求非常严格,让他们时时感受到压力的存在。有压力才有动力,这是苏步青培养学生成才的一个经验。

谷超豪和李大潜在学术地位上都能与苏步青并驾齐驱,

都是中国科学院院士。苏步青是第一代院士，谷超豪是第二代院士，李大潜是谷超豪的学生，是第三代院士，一代超过了一代！

除了严格要求学生精通数学研究，苏步青更严格要求自己。他每上一节课，都要事先抽出一个小时来准备；每教一次课，都要对教学内容和教学方法做一次修改；每教一年，就把自己写论文的心得和最新的研究成果放进去。经过他反复修改增补数次的教案，受到了学生们的热烈欢迎。

在教学中，苏步青还十分谦虚，不耻下问，诚恳地向学生学习。他在一次会议上说："像我这样，不但要向第一代学生学习，还要向第二代、第三代或第四代学生学习。在座的李大潜同志，是我的学生谷超豪的学生，我就向他学习。去年他陪我到法国去，到比利时去，由他带路，没他带路我是一个'聋子'，是一个'哑巴'。我的比利时话讲不来、听不懂，变成了'聋子''哑巴'。没有他带我出去不能走路啊！李大潜只有四十几岁，但他已经是鼎鼎有名的数学系教授，这在现代中国不容易啊！"他还说，"我向学生学习，这样才能够做到，年纪虽然大了，思想不会老，在有生之年，把力所能及的工作做得好一点。"

他一再告诫学校的老师们："名师可以出高徒，高徒可以炼名师。"学生本领大了，无形中也能提高老师的威望。"鸡孵鸭"出了新品种，这样的"鸡"就不是一般的"鸡"可以相提并论的了。

5. 勤俭朴素的作风

在复旦大学工作期间，苏步青生活俭朴，平易近人，待人谦虚诚恳，留下了许多动人的故事。

有一天，苏步青家乡有人到复旦大学来看望他，当他们在偌大的校园里打听苏步青的住处时，看见一位老人朝这边走来，一边走，一边捡起地上的废纸扔到垃圾箱里。他们定睛一看，这位老人正是他们要找的苏步青。苏步青身为全国政协副主席、大学校长，还在校园里捡废纸，这让他们十分惊讶，后来他们才知道，随手捡拾垃圾已成了苏步青的习惯。不仅如此，看到水龙头没拧紧，他会去把它拧紧；看到人走灯还亮着，他会走过去把灯关掉。

有的学生大手大脚，没有勤俭节约的意识，学生食堂经常出现浪费现象。苏步青看见后非常心疼，在每年的开学典礼上，总是反复讲提倡节约、反对浪费的话。他说："农民辛辛苦苦种出来的粮食、蔬菜，随便浪费是不道德的。'谁知盘中餐，粒粒皆辛苦'的教育，还需要坚持下去。勤俭节约、艰苦朴素是好传统，我们民族要永远立于不败之地，就要把这些美德世世代代传下去。"

他不仅要求别人勤俭节约、艰苦朴素，自己更是身体力行，做出表率。他参加政协会议，吃饭时如果服务员端上来的菜量比较大,他总是对服务员说:"胃口没那么大,以后量少一些,否则浪费了太可惜。"

从复旦大学校长的位置上退下来之后,苏步青受邀担任温州大学名誉校长。虽然是名誉校长,但他对学校的建设和发展非常关心,提出过不少指导性意见。他对校领导说:"温州大学刚开始办,一切都应当注意从实际出发,不要什么都和其他学校比,记好,一定不可贪大求全。""咱们温州大学应当有 5 年至 10 年的艰苦创业过程,应当是好日子当穷日子过。我认为应当'双增双节',工作上需增效率,应当讲质量,开支方面需节省、需节约。应当艰苦朴素、艰苦创业,办出温州大学的特色来。"

在温州大学 5 周年校庆前夕,苏步青又给学校领导写信,表达了自己对于这次校庆的意见:"温州大学 5 周年校庆,届时举办庆祝活动理所当然,但是鉴于今年全国经济情况比较严峻,我们的校庆活动应当严肃朴素,千万不可铺张。"

1991 年,89 岁的苏步青受邀前往温州大学。出发之前,他和学校领导约定,自己到达后不住宾馆,就住在学校的宿舍里,不摆酒席,不讲排场。然而,校领导考虑到苏步青已是 89 岁高龄,又是全国政协副主席,是国家领导人,住学校宿舍"不合适",仍然安排了宾馆。到了学校,苏步青见学校依然给他安排在宾馆居住,略显不满地对校领导说:"我一个山里人,学校的宿舍为何就不能住呢,非要住在宾馆里?"校领导解释许久后,他才勉强答应住宾馆，但总是耿耿于怀，心里不痛快。

1992年，苏步青参加浙江大学95周年校庆时也是如此。浙江省政协和省政府办公厅要安排他住在西湖国宾馆，但他坚决不愿意享受这样的待遇，说："我到浙江也就是到家了，无须再让政府多花钱，住在家里最方便。"工作人员拗不过他，只得让他住在学校的招待所里，同时按他的要求一日三餐简单清淡，不吃高档菜。

这样一位简朴的老师、校长让众多学生、后辈钦仰不已。苏步青的数学成就让他们崇敬，而高尚的情操更让他们心生感佩之情，心甘情愿地向苏步青看齐、学习。

6. 名垂青史，百岁全归

2003年初，苏步青的身体每况愈下，大部分时间处于半昏迷状态。同年3月17日，苏步青在上海安然逝世，享年101岁。噩耗传出后，全国人民都沉浸在悲痛之中，尤其在数学界，无论是数学家还是数学教师，都痛惜国家失去一颗璀璨的宝珠。

苏步青病重期间及逝世后，国家领导人、科学界重要"柱石"等纷纷前往医院看望，或以各种形式向其亲属表示深切的慰问。新华社也刊发了悼念苏步青的《苏步青同志生平》。通过回顾他一生的经历，将他对数学、对国家、对人民的贡献精准概要地向全国人民宣传，使人民永远记住这位愿为祖国鞠躬尽瘁的数学大师。

....

苏步青同志是蜚声海内外的杰出数学家。他从事微分几何、计算几何的研究和教学70余载，坚持教育与科研相结合，学风严谨，硕果累累，从1927年起，在国内外发表数学论文160余篇，出版10多部专著。(20世纪)40年代，他曾被国际数学界赞誉为"东方国度上升起的灿烂数学明星"。1980年创办并主编《数学年刊》。他创立了国际公认的浙江大学微分几何学学派；他对"K展空间"几何学和射影曲线的研究，荣获1956年国家自然科学奖；他开展的计算几何在航空、造船、汽车制造等方面的应用研究成果，先后获1978年全国科学大会奖，1985年、1986年三机部和国家科技进步奖。1998年获何梁何利基金科学与技术成就奖。

苏步青同志全面贯彻党的教育方针，是具有崇高师德的杰出教育家。他十分注重教书育人，言传身教地实施素质教育。他始终认为大学教育的根本目的是培养德智体美全面发展，能为社会主义现代化建设服务的合格人才。他提倡教师既要教书又要育人，要用崇高的思想品德教育下一代。他经常以自己的亲身经历谆谆教导学生要增强历史使命感和责任感，为振兴中华发奋学习。1983年，他从复旦大学的领导岗位上退下来后，虽年逾八旬，仍连续三次亲自编写教材，为培训中学数学教师竭尽心力。苏步青同志把自己的毕生精力无私地奉献给了人民的教育事业,为祖国培养了一代又一代数学人才,桃李满天下,深受人们的崇敬和爱戴。

苏步青同志是著名的社会活动家。他始终以高度的政治责任感、使命感参与国是,为巩固和发展爱国统一战线,为坚持和完善中国共产党领导的多党合作和政治协商制度,为中国民主同盟的自身建设和发挥参政党的作用,呕心沥血,努力工作,做出了重要贡献。他善于团结和带领知识分子积极投身于社会主义现代化建议。他关心祖国统一大业,晚年躺在病榻上还亲笔写下"反对'台独',坚持'一个中国'原则,完成祖国统一大业"的字幅挂在病床前,表明了自己反对"台独"、期盼祖国早日统一的心愿。他曾任中国对外友好协会上海市分会主席、上海市对外文化交流协会会长,多次出国访问讲学,参加学术交流活动,在对外文化交往中表现出一个著名科学家的独特魅力。他积极宣传我国的对外开放政策,介绍我国改革开放以来经济和社会发展所取得的巨大成就,为让世界更多地了解中国,促进世界和平,发展中国与世界各国的友好合作,以及国际文化学术交流做出了积极贡献。

苏步青同志热爱祖国,不断追求真理、追求进步,是中国近代优秀知识分子的杰出代表。1931年,他在国外谢绝了高薪聘请,抱着"科学救国"的愿望,毅然回到祖国。解放前夕,他同情和支持"反内战""反饥饿""反迫害"的斗争,曾以浙江大学教授会主席的身份宣布罢教,抗议国民党政府杀害进步学生,并积极营救被捕学生。他断然拒绝去台湾工作和生活,决心为新中国的教育事业贡献自己的全部智慧和力量。1959年3月,苏步青同志光荣加入了中国共产党,他以"此身到老属于党"的诗句表达了愿将后半生交给党安排的决心。"文化大革命"中,他遭受"四人帮"的长期迫害,但始终没有动摇对党、对社会主义的坚定信念。他衷心拥护党的十一届三中全会以来的路线、方针、政策。他为改革开放以来社会主义祖国的日益强大感到欢欣鼓舞。他的心始终与时代的脉搏紧紧相连。

苏步青同志一生光明磊落,实事求是,严于律己,待人宽厚,谦虚谨慎,生活简朴,无愧为知识分子的楷模。他高尚的道德风范、无私的奉献精神和卓越的成就,将永留青史,并将激励新一代爱国知识分子为建设中国特色社会主义事业继续做出贡献。

苏步青同志永垂不朽!

2012年,是苏步青诞辰110周年,由谷超豪、胡和生、李大潜、洪家兴等中国科学院院士提议设立、著名雕塑家严友人教授亲自操刀的苏步青铜像,在复旦大学子彬院草坪的西南角落成。从铜像可以看到,苏步青目光深邃,凝视远方,神态栩栩如生。而在草坪的东南角,则伫立着数学科学学院78级学生捐赠的数学符号雕塑"无穷大",与苏步青铜像相互呼应,似乎象征着他一生攀登数学高峰,为真理探索不息的科学精神。

附录　苏步青大事年表

1902年9月，出生于浙江省平阳县腾蛟镇腾带溪村。

1911年，以插班生身份进入平阳县城第一高等小学。

1915年，考进浙江省立第十中学。

1919年秋，到日本留学。

1920年至1924年，在日本东京高等工业学校电机系学习。

1924年3月，报考日本东北帝国大学理学院数学系，并以两门课均满分的成绩被录取。

1927年，毕业于日本东北帝国大学数学系。

1928年年初，在一般曲面研究中发现了四次（三阶）代数锥面，论文发表后，在日本和国际数学界产生很大反响，人称这一发现为"苏锥面"。

1931年，获日本东北帝国大学理学博士学位；之后回国到浙江大学数学系任教，与陈建功一起开创了数学讨论班。

1933年，晋升为教授，并担任数学系系主任。

1935年，参与发起成立中国数学会，被推为《中国数学学报》主编。

1937年，以苏步青为首的浙江大学微分几何学派开始形成。

1941年后，任中央研究院研究员、院士兼学术委员会常委，《中国数学学报》总主编。

1948年，当选中央研究院院士。

1952年10月，因全国高校院系调整，到复旦大学数学系任教授、系主任。

1955年，任中国科学院学部委员、复旦大学副校长。

1956年，获得新中国第一次颁发的国家自然科学奖，嘉奖他在"K展空间微分几何学"方面的研究成果，同时也奖励他多年来在"一般量度空间几何学"和"射影空间曲线微分几何学"上的成果。

1959年，加入中国共产党。

1960年，任中国数学会副理事长。

1978年，任复旦大学校长，并获全国科学大会奖。

1979年，任中国民主同盟中央副主席、中央参议委员会主任委员。

1980年5月，在上海主持召开第一届国家教委直属高等院校应用数学学术和工作会议，后历任各次会议的顾问。

1982年1月，领导成立全国计算几何协作组，参加单位有浙江大学、山东大学、中国科技大学、中国科学院数学研究所和复旦大学等。

1983年，任复旦大学名誉校长、中国数学会名誉理事长。

1986年，获国家科学进步奖。

1988年3月至1998年3月，任政协全国委员会副主席。

1990年，任中国工业与应用数学学会（CSIAM）顾问。

1998年，获何梁何利基金科学与技术成就奖。

2003年3月17日，在上海逝世，享年101岁。

后 记

关于竺可桢、华罗庚、苏步青、童第周等科学家,相信很多人在中小学课本里对他们的事迹就有些了解。他们爱国敬业、勇于探索、自力更生、发奋图强的精神和淡泊名利、甘为人梯的高尚人格,一直令我深受鼓舞,这种情怀也伴随着我成长。参加工作后,编撰一套科学家榜样丛书,让他们的精神广为传承与发扬,让不同年龄层的读者通过阅读他们的事迹得到精神方面的滋养,也成为我的一个心愿。

在一次选题论证会上,大家畅所欲言、各抒己见,我也说出了多年来深藏心底的想法,结果得到同事们的极大认可,并且都跃跃欲试,想要参与其中,这让我心里有说不出的高兴与感动。很快,我将本套丛书的策划案以电子邮件的形式发给华中科技大学出版社大众分社的亢博剑社

后 记

长,几天后收到亢博剑社长的回复。他在邮件中明确表示,总社、分社一致通过了本套丛书选题,希望尽快组织编写,争取早日付梓。在此,谨向华中科技大学出版社总编姜新祺、大众分社社长亢博剑、责任编辑沈剑锋及所有参与审校的编辑人员表示深切的感谢!

选题确定后,公司马上成立了编写团队,一方面联系科学家的家人、好友及同事进行采访,一方面到各省市的纪念馆搜集一手资料,然后进行整理、归档、撰写。为了保证史料的严谨性,我们查阅了大量资料;为了更好地诠释老一辈科学家的科学精神和家国情怀,我们对书中的文字反复进行修改润色。经过将近一年的努力,初稿完成,并特邀海军大校、《海军杂志》原主编、海潮出版社原社长刘永兵编审审校。本套丛书还有幸得到了中国工程院原党组成员、秘书长兼机关党委书记,曾任钱三强院士专职秘书多年的葛能全先生审订。初次拜见葛老时,我们介绍了出版这套丛书的初衷及编写过程,葛老赞许道:"眼下很多出版机构都在追求经济效益至上,你们还坚持这份初心,不容易!我对这套丛书的10位科学家颇为了解,他们也是我的青年导师。"葛老当场表态无偿帮助我们审订这套丛书。从2019年5月初至2019年10月底,葛老不畏暑天炎热,对10本书稿进行了逐字逐句的审校,并提出许多宝贵的修改建议。

在本丛书的编写过程中,李建臣先生于百忙之中也给予了许多宝贵的指导和建议,并在团队多次真挚的邀请下,同意担任本丛书的主编。

在此谨向刘永兵先生、葛能全先生、李建臣先生致以诚挚的感谢和崇高的敬意!

由于编者水平有限,加上本丛书涉及人物众多,难免有不准确、不妥当之处,尚祈广大读者批评指正。